미안하다,
나는 철없이 사는 게 좋다

김욱 지음

페이퍼로드
paperroad

폭주 노년

초판 1쇄 발행 2013년 5월 13일

지 은 이 김욱

펴 낸 이 최용범
펴 낸 곳 페이퍼로드
출판등록 제10-2427호(2002년 8월 7일)
　　　　 서울시 마포구 연남동 563-10번지 2층

편　　집 김정주, 양현경
마 케 팅 윤성환
관　　리 임필교
디 자 인 장원석

이 메 일 book@paperroad.net
커뮤니티 blog.naver.com/paperroad
Tel (02)326-0328, 6387-2341 | Fax (02)335-0334

I S B N 978-89-92920-86-5 13300

노화 혹은 진화하는 우리 생애에 축배를!

인간은 세월이 쌓일수록 원숙해지고 깊이가 더해지며 존재만으로 묵은 향내를 풍긴다. 목에 들이붓는 갓 짜낸 초짜보다 해묵은 와인의 값어치가 몇 배나 더 나가듯 인간의 삶 또한 그러하다. 인생이 그깟 포도주만 못하리라고는 상상할 수 없기 때문이다.

괴테가 『파우스트』의 마지막 문장을 쓰고 마침표를 찍었을 때 그의 나이 여든둘이었다. 인류사에 길이 남을 대작도 여든둘에 쓰는 사람이 있는데, 대작은 아니더라도 초로(草露)의 나이에 자기 생애의 끝머리를 손수 책임지고 완수하는 것쯤이라면 살아 있는 모두가 충분히 가능한 일이라고 믿는다. 그런 확신으로 이 책을 썼다. 쓸 수밖에 없었다.

오늘 이 시점에서 노인 문제가 청소년 문제처럼 사회악으로 인식되고, 초고령 사회로 진입해서 나라의 기강이 위태해졌다는 세간의 우려를 듣게 될 때마다 장본인으로서 부아가 치민다.

감히 단언하건대 인간 진화의 끝은 노화다. 인간은 갓난아기로 태어나 노인으로 죽는다. 다윈의 진화론이 거짓말이 아니라면 세월을 이겨 낸 생물체는 그전 기간의 생존체보다 과학적으로 강하다. 따라서 노인은 장년보다, 청년보다, 갓난아기보다 강하다.

얼굴만 해도 그렇다. 피부가 쭈글쭈글해지고 검버섯이 생기고, 누가 밑에서 잡아끄는 것처럼 턱살이 축축 처지는 까닭은 저 잔인한 태양 아래서 보다 오랫동안 버텨내기 위함이다. 자외선이 피부에 닿는 면적을 줄이고자 이마에 주름이 그어지고, 동공에 투과되는 가시광선의 양을 줄이고자 눈꺼풀이 아래로 처지는 것이다. 노화의 메커니즘은 효율이다. 인체의 모든 여력과 능력을 정신의 토대인 뇌에 집중시키기 위해 극단의 경제정책을 선택한 것이다. 그 선택이 비록 겉으로 보기엔 늙어빠진 추레한 몰골일지언정 인간의 본질로서는 생물의 한계를 뛰어넘은 진화의 결과물이다.

피부만 그런 게 아니다. 세포도 나이가 들수록 강해진다. 서른 살 암 환자는 눈 깜짝할 사이에 죽는다. 급성이다. 왜냐. 연약하기 때문이다. 암이라는 놈에게 젊은 세포는 힘 한 번 못 쓰고 먹힌다. 대거리질도 못 하는 생병신이다. 그에 비해 늙은 몸뚱어리는 지랄맞게 악착스럽다. 30대 암 환자의 치사율이 약 90퍼센트인데 비해 70대 이상은 30퍼센트에 불과하다. 늙은 암 환자의 열에 일곱은 암이라는 무시무시한 대적의 멱살을 틀어잡고 좌우로 흔들어대는 패기가 있다는 뜻이다.

그 힘은 어디서 비롯되는가. 생존의 노하우다. 30년, 40년을 살아온 세포보다 70년, 80년을 버틴 세포가 더 강할 수밖에 없는 것은 생존을 위해 자존심과 아름다움을 버렸기 때문이다. 머리는 허옇게 세고, 근육이 줄어들어 팔뚝은 꼬챙이, 배때기는 올챙이가 되고, 뼛가루가 떨어져나가 이 나이까지 살아온 게 죄인 양 등짝이 꼬부라지는 까닭은 하루라도 더 이 각박하고 징글징글한 세상에서 살아남기 위해서다. 살아야 될 이유가 있기 때문이다.

우리 모두에겐 세상에 태어난 이유가 있다. 조물주의 섭리라고 믿어도 좋고, 자연계의 우연이라고 치부해도 좋다. 우연이든 필연이든 우리가 존재하게 된 데에는 이유, 그러니까 목적이 있다. 그리고 이 목적은 말년에 이르러서야 마침내 손에 잡힐 듯 나타난다. 늙고 병들어서야 드디어 그 잘난 얼굴을 볼 수 있게 된다.

내겐 '글'이다. 나는 쓰기 위해 태어났고, 쓰고 싶어서 살아간다. 다행히도 나는 살아가야 될 이유, 내가 늙어가는 목적을 찾은 셈이다. 덕분에 죄 없는 독자 여러분들이 날벼락 같은 '악문(惡文)'을 접하게 되셨으니 안타깝기 그지없는 일이지만, 이쯤은 대수롭지 않게 뻔뻔히 넘겨버릴 수 있는 나의 대범함이야말로 진화의 증거가 아닌가 싶기도 하다.

사람은 유한하지만 인생은 무한하다. 연필은 쓸수록 흑연이 닳아 없어져도 종이에 쓴 글은 영원히 남는다. 비단 글의 이야기만은 아닐 것이다. 어느 자리에서 어떻게 늙어가든 우리 안의 혹연은 여전히 쓰이기를 원한다. 닳아 없어지기를 원한다. 닳아 없어질 때까지 써보고 죽자. 그 마음가짐 하나가 남은 날들을 어떻게 변화시키는지 보여줄 살아 있는 증인이 여기에 있다.

부끄럽게도 좌충우돌, 뒤죽박죽 살아온 날들이었으나, 감히 여러분들 앞에 나의 추레한 모습을 드러낼 수 있는 까닭은 그 마음가짐만큼은 누구에게도 부끄럽지 않기 때문임을 말씀드린다.

2013년 봄날

김욱

폭주 노년 —— 차례

1부
전력 질주를 위한 몸풀기

전원생활의 허상

"자연은 인간이 잊고 지냈던 야생성을 철저하게 부활시켰다. 천지가 들판이요, 거기서 발견한 수확물은 죄다 사람 몸에 좋은 것들뿐이라, 찾아 먹는 재미가 급기야는 일이 되고 말았다."

신문기자 생활로 30년 세월을 보낸 후 반관·반민영체인 한국 생산성 본부에서 편집위원으로 10여 년을 더 직장에 다녔다. 40년 넘게 새벽별 보며 출근해서 술에 취해 달을 보며 집에 돌아온 것이다.

발바닥에 땀띠가 날 정도로 정신없이 살았다. 그래도 꼭 하나 지킨 것이 있으니 무슨 일이 있더라도, 가령 정수리에 20도짜리 소주 원액이 유출될 만큼 꼭지가 돌아갔어도 잠은 집에 가서 자자는 나와의 약속이었다.

새벽 2시가 됐든, 4시가 됐든 기어서라도 집에는 들어갔다. 끝끝내 자지 않고 나를 기다려 준 아내로부터 잔소리를 들으며 한바탕 닭싸움을 하고 나면 어느새 밤이 희붐하게 밝으면서 아침이 오고, 그래서 몇 시간 자지도 못한 상태로 커피 한 잔 마시고는 다시금 어제와 같이 만원 지하철에 몸을 실었다.

그런 한편으로 요즘의 투잡족처럼 칼럼니스트로서 숱한 기업들 사보에 칼럼을 기고했다. 그 시절을 한마디로 요약하자면 월급보다도 사보에 싣는 칼럼 글줄이 밥줄이 되어 내 식구 뱃줄을 채워 준 셈이다. 그때가 벌써 20년 전 이야기로 나보다 금전 감각이 뛰어난 아내가 어디서 무슨 말을 들었는지 서울 외곽의 위성도시에 있는 부동산 가격이 오를 것이라고 나를 꼬드겨 서울에서 수원으로 집을 옮긴 지 10년쯤 되었을 무렵이다.

그러나 수원에서 서울로 10년 가까이 출퇴근을 하다 보니 차차 지쳐갔다. 매일 일 끝나면 술은 마셔야겠고, 마시다 보면 자정이 가까워오고, 그래도 자리는 파할 기적이 없어 결국은 수원행 마지막 전철이 끊기고 만다. 그러면 하는 수 없이 수원을 거쳐가는 천안, 또는 대전행 비둘기호를 탄다. 그 기차가 수원역에서 잠시 머무르며 들뜬 몸을 식힐 때 내리면 집에 무사히 안착할 수 있는 막판 찬스가 되는데, 곤드레가 된 몸은 잠에 곯아떨어져 수원역을 기분 좋게 지나쳐 한 시간은 더 간 충청북도 천안에서야 눈이 떠져 부랴사랴 내리곤 한동안 충북 바닥을 헤매기 일쑤였다. 그러면 또 대합실에서 한두 시간 기다렸다가 다시 서울로 올라가는 비둘기호에 몸을 싣고 수원에 내리면 새벽 3시. '따블'을 부르는 택시 기사의 요구에 순순히 응하며 집에 가는 수밖에 없다. 일주일에 이삼일은 이런 생활이 지속되었는데, 환갑을 넘기고 정년을 바라보는 나이에 이 짓도 못하겠다는 생각이 들어 아내에게 퇴직 후

내 책을 써서 인세로 떼부자가 되어야겠으니 양지바른 곳에 집 한 채 짓자고 사정했다.

아내도 철없이 젊은 날만 생각하며 제 버릇 개 못 주는 곯은 남편이 불쌍했는지 수원의 아파트를 팔기로 결정하고 땅을 물색하러 돌아다녔다. 나의 새로운 사업처인 출판사들은 대개 홍대 앞, 마포, 합정동 인근에 밀집해 있다. 천생 서울에서 돈벌이해야 하는 운명은 바뀌지 않는다. 익숙한 지리가 낫겠다 싶어 수원 옆의 화성을 집중 탐색했다. 그리고 마침내 논 가운데 붙은 120평 밭을 계약하기에 이른다. 수원 아파트와 차로 40분 거리였다. 서울까지는 두 시간 거리였다.

내 마음이 얼마나 들떴는지는 아무도 모른다. 서울에서 태어나 평생을 성냥갑 같은 빌딩들 사이에 끼어 아등거리던 지난날들이 주마등처럼 스쳐가는 한편으로, 시인 이태백처럼 새벽에 일어나 집 앞의 야트막한 산을 오르내리고, 낮에는 맑은 정신으로 글을 쓰고, 밤에 달이라도 뜨면 창문가에 신문지 한 장 펼쳐놓고 소주 한 잔 마실 생각에 군침이 돌다 못해 기침까지 쏟아냈다.

지금 와서 생각해 보니 일이 잘못 되려는가 싶다. 그 땅 주인이 동네 이장이었다. 구두계약할 때와 달리 서류계약 직전에 돈을 좀 더 얹어달라고 했다. 왜 그러냐고 물으니 남향이어서 그렇다는 거다. 진짜인지 확인하려고 나침반을 사서 방위를 확인했다. 그 사람 하는 말이 시골은 도시와 달라서 각박하게 굴면 안 된다고 한다. 당신이 땅을 샀어도 당신이 그 땅까지 밟고 가는 길은 자기네 것이라는 논조다. 야박하게 굴지 말고 굴러온 돌답게 조용히 자기가 시키는 대로 따르라는 투였다. 지금 같아서는 부동산 계약서를 박박 찢어버렸겠지만, 그때는 뭐가 그리 급했는지 헛된 망상에 허우적거리며 현실을 제대로 보지 못했다. 모든 게 새롭고 재미있기만 했다.

달라는 대로 덜컥 돈을 얹어주고 집을 지으려는데, 문제의 이장이 또 끼어든다. 자기 친구 중에 집 짓는 사람이 있으니 이왕이면 그 친구한테 집을 지어달라고 맡기는 게 어떠냐고 한다. 그 친구한테 집을 짓게 해주면 자기도 농한기에 일품을 팔 수 있으니 누이 좋고 매부 좋고. 이왕 자기네 동네에 들어왔으니 두루두루 좋게 지내야 한다는 말에 홀랑 넘어가서 건축 계약서 한 장 쓰지 않고 측량을 시작했다.

모든 게 주먹구구였다. 우리 내외 의사는 무시한 채 시골 농가 짓듯이 벽돌을 마구 쌓아올렸다. 내가 귀농해서 농사로 먹고 살겠다는 것도 아닌데, 떡하니 농기재 창고를 지어놓지 않나, 밤에 달 보면서 소주를 마셔야 하는데 창문은 쥐꼬리만 하게 틀어놓지를 않나, 벽난로 하나 만들어 달랬더니 소 여물통을 용접한 깡통을 가져오지 않나. 거기에 사사건건 우리 부부와 관련된 소문이 만들어지고, 부풀려지고, 앞에서는 갖은 아양을 떨지만 뒤에 가서는 온갖 잡흥을 다보고 다녔다. 혹시 오해할까 미리 밝혀 두는데 시골 사람들이 무슨 악한이라도 된다는 뜻은 아니다. 단지 그들이 살아온 삶의 형태가 그러하다. 태어난 땅에서 죽는다는 것은 아무리 좋게 봐도 답답할 수밖에 없다. 세계가 좁다는 뜻이다. 좁은 세계는 그들에게 콤플렉스인 동시에 극심한 중압감으로 다가오는데, 남들처럼 넓은 세계로 나가지 못했다는 자괴감, 마치 그것이 능력의 한계처럼 다른 이들 눈에 비춰지지 않을까, 하는 지나친 경각심, 그리고 자신이 살고 있는 세계의 모든 것들을 속속들이 알고 있어야 직성이 풀리는 중압감이다. 특히 사람에 대한 집착이 대단했다. 동네 사람들끼리는 그 집의 밥숟가락 개수와 가장 최근의 부부 관계 시점까지 알고 있어야 했다. 그런 사람들에게 나처럼 외부에서 날아든 남산골 딸깍발이 샌님 같은 인종은 일종의 선물 같은 것이었다.

평생을 땅만 바라보며 자연의 순리에 운명을 맡긴 위대한 농사꾼들은 자연 그대로의 마음가짐을 지녀서 순수하다. 아무리 나이가 들어도 순수하다. 어린애 같이 순수하다. 그래서 어린애처럼 자기 앞에 있는 장난감을 그냥 지나치지 못한다. 팔도 꺾어보고 던져도 보고 빨기도 하고, 때로는 품에 꼭 안고 잠도 잔다. 자연에 파묻혀 그림 같은 시간을 보낸다는 기대를 시도해 보기도 전에 당장 매일 같이 눈뜨면 마주쳐야 하는 인간관계의 극심한 괴리에 적응하지 못했다.

둘째로 글이 안 써졌다. 이건 매우 중대한 문제였다. 내 글을 쓰려고 전 재산을 올인해서 전원주택을 짓고 자연의 품에 안긴 것인데 글이 안 써진다니. 그때는 이미 퇴직한 터여서 당장 월급이 끊겼다. 매달 일정한 수입이 필요했다. 아들 녀석이 하나 있는데 아직 학생이었다. 돈벌이해서 제 어미 몰래 소주랑 담배 한 보루씩 사서 나한테 안겨 주려면 멀었다. 군대 영장도 아직 안 나왔을 때다. 미칠 것 같았다. 머리는 미칠 것 같은데 생활은 그렇게 느긋할 수가 없다. 시골살이가 인간에게, 특히 정신노동으로 먹고사는 인간에게 얼마나 치명적인지를 나는 20년 전에 몸소 배웠다.

책상 앞에 앉아 있어도 아무 생각이 안 난다. 시골은 도시와 달라서 태양이 무지하게 강렬하다. 뜨겁다는 의미가 아니라 비유컨대 도시의 태양은 비닐하우스에서 보는 태양이고, 시골의 태양은 노지에서 직접 몸속으로 투과되는 태양이다. 창밖으로 그 따스한 빛줄기가 쏟아지면 책도 눈에 안 들어오고, 컴퓨터 키보드도 만지기가 싫다. 그냥 밖에 나가서 혼자 멍하니 논둑을, 밭둑을 헤매고 싶은 살랑살랑한 마음뿐이다. 게다가 시골은 생활 영역이 매우 넓다. 시내라면 장을 한 번 봐도 동네마다 대형 마트가 있다. 거기는 채소부터 생선, 고기, 옷, 화장품, 술이 한데 모여 있는 원 시스템인 반면에 시골은 5일장이 주류다. 먹고 싶은 거, 필요한 게 있어도 무조건 닷새를 기다려야 한다. 채워지지 않는 욕망은 시간의 속도를 높인다. 닷새를 기다리느라 나흘간 내가 뭘 했는지도 모른다. 생필품도 없는 게 대부분이어서 수원이나 서울에 가야 했고, 그 장거리 왕복에 전날부터 이것저것 준비해 둘 게 많았다. 막말로 이웃집에 점심 한 끼 얻어먹으러 가도 반나절이 눈 깜짝할 사이에 사라졌다.

하루는 금방 소진됐지만 일주일, 열흘 단위의 장기적 시간 감각은 둔감해졌다. 매일이 똑같다 보니 그날이 그날 같고, 오늘이 그날 같다. 시골에서 1년은 열두 달이 아니라 사계절이다. 봄이 가고 여름이 오고 가을이 오는가 싶더니 겨울이 돼서 춥고, 군불이나 때며 눈이 언제 녹나 싶으면 봄이다. 연별, 월별, 하다못해 여덟 시간짜리 일별 근무에서도 표를 작성해서 업무를 체크하던 전직 직장인에게 4등분으로 쪼개진 엄청나게 긴 시간은 세월에 대한 감각을 무디게 만들었다. 오늘 안 하면 어때, 내일 하지. 조바심 나고, 일에 매진하고, 뭔가 쫓기는 듯한 긴장감이 완벽하게 내 안에서 사라졌다. 해 떴네, 일어나야지. 해 떨어지네, 밥 먹고 자야지. 이런 생활이 반복되었다.

그뿐만이 아니다. 자연은 인간이 잊고 지냈던 야생성을 철저하게 부활시켰다. 그 결과 한 끼 먹는 일에 엄청나게 집중하게 되었다. 천지가 들판이요, 거기서 발견한 수확물은 사람 몸에 좋은 것들뿐이라 찾아 먹는 재미가 급기야는 일이 되고 말았다. 글을 쓰려고 들어간 게 아니라 사시사철 자연이 베풀어주는 온갖 영양식을 구해 먹는 것이 전업이 되고 말았다. 그게 또 쉬운 일이 아니어서 텃밭을 조금 가꿔도 일일이 손이 가고, 산에서 뭘 캐와도 하루가 짧다. 거리감도 사라져서 저 앞이네, 싶으면 30분은 족히 걷고 있다.

글이 멀어지고, 책이 멀어지고, 자연을 벗 삼아 아침에 눈 뜨면 농사짓고, 온갖 몸에 좋은 산약초를 심고 캐먹으니 몸이 가벼워져

술은 더 많이 먹게 되고, 담배를 펴도 기침이 안 나오니 담배 한 보루가 금방 동이 나고, 시간관념이 없어져 출판사와의 계약은 어기기 일쑤고, 그러다보니 일이 끊기고, 서울 나가기가 귀찮아지고, 그처럼 이 악물고 살아가는 도시인들이 가엾어지는 동안 나는 내가 정말 해야 될 일로부터 멀어지게 되었다.

문득 이런 생각이 들었다. 일도 다 그만두고 어디서 월세나 받아먹으며 시골에서 유유자적 살다가 죽었으면 좋겠다, 볕 잘 드는 봄날에 소주 한 병 맛있게 먹고 구수하게 소똥 부어 써레질한 논을 벗 삼아 그 곁에 논둑에서 낮잠이나 한숨 자다가 그대로 떠났으면 좋겠다는 바람이 간절해졌다. 마침 하나뿐인 여동생이 어디서 헛바람이 잔뜩 들어와서는 제주도에 백화점을 차리겠다며 투자를 권유했다. 배당금을 주겠다는 얘기였다.

백화점 얘기가 나오기 얼마 전에 나는 장차 글밭이 제대로 일궈지지 않을 때 논밭이라도 일궈야겠다는 생각에 집 옆의 논을 몇 마지기 구해 놓은 게 있었다. 그걸 팔고 집을 담보로 여기저기서 돈을 잔뜩 끌어당겨 올인했다. 먹고 논다는 것은 이날 이때까지 상상해 본 적도 없었는데, 전원생활 3년 만에 심지 않아도 거두는 자연의 순리를 몸에 익히게 되어 무위도식을 꿈꾸게 된 것이다. 그리고 정확히 6개월 후 대한민국 정부의 경제부총리였던 임창열 씨가 IMF 선언을 하기에 이른다. 제주도민들은 여간 똑똑한 사람들이 아니라서 육지에서 건너온 대형 백화점에 헛돈 쓰지 않았다. 수십 년간 끈끈하게 이어져온 자기들만의 비즈니스 카르텔을 철저하게 지켜냈다. 제주도가 생기고 처음으로 탄생한 백화점은 결국 부도가 났다. 여동생은 하와이로 야반도주, 나는 술내, 땀내에 절어가며 40년간 번 돈을 쏟아부어 건축한 전원주택을 경매로 날려버렸다.

60대 후반, 인생의 황혼이라 불리는 생의 끝자락에서, 내일 모레 칠순을 앞두고 빈털터리가 된 것이다. 그때의 기분은 전쟁이 터졌다는 얘기를 듣고 서대문 사거리에 구경 나갔다가 바지 뒷주머니에 꽂은 톨스토이의 '인생이란 무엇인가', 그 불후의 명작을 고깝게 여긴 인민군에게 반동분자로 붙들려 이북에 끌려가던 날과 비슷했다. 스무 살의 어느 날 갑작스레 경험한 회한과 절망, 자책, 두려움, 괜한 흥분과 기대가 교차하는 복잡하고 얼떨떨한 날것의 감정이 이제는 늙어 언제 죽어도 이상할 게 없는 나이에 내 안에서 되살아난 것이다. 신의주의 깊은 산속까지 끌려갔다가 엄마 얼굴 한 번 보고 죽어야겠다는 일념으로 밤중에 도망쳐서 남한으로 내려왔다. 그 무모한 도전의식, 주변 환경 따위 거들떠 쳐다보지도 않는 순수한 목표 의식이 60이 넘은 나이에 꿈처럼 내 안에서 되살아난 것이다.

요즘 웰빙이다, 안티에이징이다 하면서 깨끗한 자연 속 전원생활, 궁극적으로는 헐떡거리며 달려온 인생 전반전에 따른 휴식과 배려 차원에서 생의 후반전이 주어진 것처럼 착각하는 풍조가 확산되고 있다. 여유로운 노후를 꿈꾸는 장·노년층을 볼 때마다 20

년 전 내 모습이 오버랩된다. 여유를 찾아 삶의 끝자락에서 선택한 시골살이는 과연 웰빙과 안티에이징 그 자체였다. 칠순이 다 된 나이에 20대 청년 시절의 나, 가진 거라곤 두 주먹에 만년필 하나, 갱지 몇 장뿐으로 그 허연 여백에 욕망과 삶의 본능을 여과 없이 쏟아내던 그 시절의 내 모습처럼 빈손으로 되돌려놓았으니 말이다.

　나는 모든 것을 이루고 이제는 유유자적 즐길 일만 남았다고 굳게 믿었던 시기에 모든 것을 잃고 말았다. 달과 별을 안주로 술 한 잔 마시고픈 생각이 머릿속에서 깨끗이 사라졌다.

협심증 약의
치사량을 헤아리다

"말년 운이 안 좋다 해도 이럴 수가 있나 싶었다. 이 정도면 가히 더러움의 끝, 내 운명이 저주스럽다 못해 끔찍하게 느껴졌다. 돈도 잃고 사람도 잃고 사는 것 같지 않았다."

경매라고 다 나쁜 것은 아니다. 누군가가 내 집을 낙찰 받으면 그가 써낸 낙찰가에서 빚을 제하고 남은 돈을 나한테 돌려준다. 그래서 어떤 이는 일부러 자기 집을 경매에 붙이기도 한다. 집은 안 팔리고 이자는 눈덩이처럼 불어나는 마당에 차라리 경매로 넘겨 얼른 빚을 청산하고 남은 돈으로 재기를 모색하는 것이다.

나도 그랬다면 참 좋았을 텐데, IMF가 터진 직후라 텔레비전에는 연신 금모으기다, '아나바다 운동'이다 뭐다 하면서 돈 있으면 쓰지 말라고 성화를 부리던 찰나여서 그 골짜기에 초라하게 지은 농가 주택 따위는 보러 오는 사람도 없었다. 결국 네 번 유찰 끝에 감정가의 15퍼센트 값으로 낙찰되었다. 내 집을 낙찰받은 주인공은 나에게 돈을 빌려 준 오랜 친구였다. 이대로 경매가 끝나면 후

순위 채권자인 자기 몫으로 떨어질 액수가 얼마 안 된다는 것을 염려한 친구는 직접 경매에 참여해 낙찰받았고, 리모델링 후 되팔겠다고 했다. 경매도 실은 그 친구가 신청한 것이다. 나는 여러 채권자들에게 어떻게든 갚을 테니 조금만 기다려 달라, 우선 이자부터 제때 통장에 입금시키겠다고 머리를 조아렸다. 농협, 축협, 시중 은행에 기자시절 알고 지내던 사채업자까지 내 처지를 이해하고 좋다며 승낙해 줬는데, 오직 30년 지기 내 친구만이 내용증명을 발송했다. 복리 이자까지 꼼꼼하게 계산한 금액을 보기 좋은 글씨로 큼지막하게 써놓고는 경매에 붙이겠다고 선언했다.

말년 운이 안 좋다 해도 이럴 수가 있나 싶었다. 이 정도면 가히 더러움의 끝, 내 운명이 저주스럽다 못해 끔찍하게 느껴졌다. 돈도 잃고 사람도 잃고 하루하루가 사는 것 같지 않았다. 몸까지 탈이 나서 물만 삼켜도 숨이 안 쉬어지고 헛구역질을 게워냈다. 조금만 걸어도 가슴이 뻐근해져 다리가 후들후들 떨렸다. 건강보험까지 수백만 원이 미납돼서 의료보험이 끊겼다. 병원에 갈 처지도 못 됐다. 단골 내과에 물어보았다. 협심증 같다면서 알약 몇 개를 주는데, 꼭 위급한 상황에서만 혀 밑에 약을 넣고 녹여 먹어야 한다고 신신당부했다. 왜 그러냐고 묻자 일종의 독약이란다. 잘 됐다 싶었다. 치사량이 몇 알이냐고 물어볼까 하다가 다 삼키면 죽겠지 싶어 갑자기 기운이 솟았다. 언제든 죽을 수 있다는 생각에, 이 운명의 끝을 내 손으로 결정지을 수 있다는 절대감에 한 달 가까이 속이 들끓어 흰죽도 먹지 못한 뱃속은 자신감으로 들떠 올랐다.

며칠 후 뜻밖의 부음을 접했다. 한동안 같이 일했고, 여러 가지로 신세졌던 출판사 사장님이 스스로 생을 마감했다는 소식이었다. IMF로 출판계는 직격탄을 맞았다. 국내 최대의 출판 도매업체들이 연쇄 부도했고, 그 파급은 소규모 출판사들의 줄도산으로 확산되었다. 그 양반도 고비를 못 넘겼다. 거래하던 도매상이 하루아침에 망하면서 수금 받기로 한 돈을 공중에 날려 버렸다. 결국 출판사 문을 닫고 말았다.

꿈이 사라진 인간은 나약해진다. 쓸모없어진다. 정말로 그렇다는 게 아니라 자기 스스로 자신을 나약하다고, 쓸모없다고 규정짓고 혼자 고민하며 번뇌하게 된다. 아끼는 책들이 이자 몇 푼 때문에 고물상으로 넘겨져 폐지로 재활용된다. 피가 쏟아지고 살이 떨어져 나가는 기분이었을 것이다. 평소에도 말과 행동에서 선비적 고고함을 대나무 향처럼 주위에 퍼뜨리던 분이다. 잘나가고 번성할 때는 기품이라는 게 약이 되고 무기가 되지만, 추락해서 시궁창을 뒤적이는 생쥐 같은 처지가 되었을 때는 반대로 자기 비하와 환멸의 원천이 된다. 한창 일해야 할 50대 중반에 스스로 링사이드에서 판정패를 선언한 후 쓸쓸하게 목을 맸다.

그래서는 안 되지만 사모님한테서 상을 당했다는 전화를 받고 제일 먼저 든 생각은 서울까지 나갈 차비 계산이었다. 정말이지 천 원짜리 한 장이 아쉽고 귀했다. 전철은 노인 승차로 공짜였지만 산골 집에서 수원역까지 나가려면 좌석 버스를 타야 했다. 그 돈이 아쉬웠던 것이다. 사람 본심이라는 게 이렇다. 수십 년 지기가 험한 세상의 다리를 무사히 건너지 못하고 중간에 이탈했음에도 위로주 한 잔 부어주러 가기가 겁이 나고 부담이 됐다. 이런 내 처지가 한심스럽고 겁이 나서 등줄기가 서늘해졌다. 간신히 무거워진 걸음을 억지로 옮겨 떠난 친구를 만나러 갔다.

상을 마치고 집에 돌아가려면 서울역에서 1호선으로 갈아타야 한다. 환승장으로 올라가야 할 계단이 만만치 않다. 중간쯤에서 가슴이 뻐근해지기 시작했다. 마치 쇠사슬로 가슴을 칭칭 동여맨 다음 강호동과 이만기가 양쪽에서 사슬 끝을 잡고 줄다리기라도 할 때 느껴지는 것 같은 극심한 흉통이었다. 영혼까지 빠개질 듯한 고통을 혓바닥을 깨물며 이완시켰다. 그리고 서둘러 품속을 뒤져 내과에서 얻어온 아스피린처럼 생긴 알약을 꺼냈다.

한 알이면 된다. 단 한 알이면 이 고통에서 벗어날 수 있다. 이 한 알만 삼키면 비록 몇 달 후에는 내쫓기게 될 집일지라도 지금은 세상 천지간에 눈치 보지 않고 누워서 이불 덮고 잘 수 있는 내 집으로 돌아갈 수 있다.

그런데 또 한편으로는 이런 생각이 머릿속을 스친다.

'이걸 다 먹고 여기서 그냥 죽어?'

인간은 날 때부터 혼자다. 부모가 있든, 사랑하는 배우자가 있든, 눈에 넣어도 안 아프다는 자식이 있든 인간은 결국 자기만, 자기 목숨만을 의지하고 챙기며 살아가는 단독자(單獨者), 백과사전에 등재된 모든 생물들 중에서 가장 이기적인 동물이다. 이기적이기 때문에 주변 사람들을 저버리고 제 손으로 목숨을 끊는다. 저 하나만 이 고통에서, 끝없이 울리는 빚쟁이들의 전화벨 소리에서 벗어나면 그만이라는 욕심의 실천이다.

이 글을 쓰고 있는 팔십 평생에 죽고 싶다는 생각은 해 본 적도 없는 나였다. 술이 있고, 좋아하는 책이 있고, 기자로, 칼럼니스트로 펜은 칼보다 강하다는 속물근성에 취해 마음껏 즐기며 살아온 나였다. 흑인 소울 가수 저리가라 할 정도의 곱슬머리에 비쩍 마른 몰골이 우습게 보이더라도 서울대 신문대학원을 수료해 중앙일보 창간 멤버로 입사하여 사회부 데스크까지 올라간 내 경력은 나름대로 자랑거리였고, 그런 나의 모습은 아무도 깔보는 이가 없었다. 젊어서는 한 달 월급을 받으면 무조건 다음 달 월급이 나오기 전에 몽땅 써버려야 되는 줄 알았다. 집이고, 땅이고 사서 뭐하나. 오직 나 하나, 내 목구멍으로 흘러들어오는 막걸리에 조선일보 건물 뒤편의 돼지비계 푸짐한 동그랑땡 한 점, 그리고 연신 피워대는 럭키스트라이크의 희뿌연 담배 연기가 내 젊은 날의 전부였다.

이깟 기사 나부랭이, 내가 작가로 명성을 드날리기 전에 입에 풀칠이나 하는 아르바이트 같은 거라고 자위하며 미제 오토바이에 몸을 싣고 취재차 중서부 전선을 내달리던 내가 어려서부터 밤마다 꿈꾸었던 톨스토이, 나쓰메 소세키 같은 위대한 글쟁이의 그림자를 따라가기는커녕 서울역 1호선 환승장 계단 중간에 서서 시커멓게 손때가 묻은 난간을 붙잡고 생과 죽음의 경계를 오락가락하고 있었던 것이다.

나는 그곳에서 나의 늙음을, 앞으로의 미래를, 나아가서는 죽음을, 훗날에야 니트로글리세린이라는 화약의 일종임을 알게 된 협심증 알약과 함께 땅바닥에 내던졌다. 잃어버린 나를 되찾고 싶었다.

가슴을 쥐어뜯으며 '악!' 하고 소리 질렀다. 얼마나 힘껏 소리를 질렀는지 눈알이 밖으로 튀어나오는 줄 알았다. 머리가 빙빙 도는 것이 금방이라도 쓰러질 것 같았다. 오가는 사람들이 흘끔흘끔 쳐다본다. 비쩍 마른 할배가 대낮부터 술에 취했나, 다 늙어서 저게 무슨 짓이야, 쯧쯧쯧…. 혀를 차는 소리가 들렸다. 그 소리에 기운이 났는지 가슴의 통증이 씻은 듯이 사라졌다.

지금 생각해도 기적 같은 일이다. 이후로 다시는 흉통이 없었다. 이십 년이 다 된 지금도 심전도와 엑스레이 진찰을 받으면 지극히 정상으로 나온다. 의사가 너무 건강하다며 싫어할 정도다. 내 나이쯤 되면 골골한 데가 한두 군데가 아니어서 두둑하게 돈 좀 뜯어내야 반가운 법인데, 아픈 데 없이 잘 먹고 잘 자고 잘 싼다는 말이 여간 재수 없게 들리지 않는다는 눈치다.

그렇다면 나는 왜 서울역의 1호선 환승 계단에서 악다구니를 지르며 협심증 약을 땅바닥에 내동댕이친 것일까.

휴먼 캐피탈에서
생애 마지막 대출을

"인적 자본은 인간의 사회적 가치다. 퇴직 후 돈 한 푼 없는 맨몸뚱이라면 그가 뭘 할 수 있을까?"

번개처럼 뇌리를 스친 생각이 있었다. 인적 자본, 쉽게 말해 빤스 한 장만 입고 길거리에 나앉게 되었을 때 누가 나를 돈 주고 살 만한 가치가 나에게 있느냐는 평가 기준이다. 나는 늙었고, 병들었으며, 전 재산을 날렸다. 사업을 하려 해도 돈이 없고, 아파트 경비로 일하고 싶어도 육체노동은 이제껏 해 본 적이 없어서 며칠 버티지도 못한다. 그렇다면 나는 이대로 골목에 버려진 깡통 캔처럼 죽어가야 하는가. 빈 깡통은 사람이 발로 밟고 짓이겨 놓았어도 알루미늄이라는 재질에는 변함이 없어서 재활용을 거쳐 새 상품으로 거듭난다.

나는 저 깡통만도 못한 것일까. 구걸해서 얻은 오백 원짜리로 자판기에서 캔커피를 빼 마신 노숙자는 아깝다는 생각도 안 하고 캔을 버린다. 노숙자의 손에서마저 버림받은 캔도 재활용되는 세상에서 내 경력이, 내 능력이 재활용되지 말라는 법이 없다. 아니, 단순한 재활용이 아니다. 새로운 종(種)의 기원이 될 수도 있는 것이다. 프로스트의 시처럼 '가지 않은 길'을 내가 걸어가면 되는 것이다. 누구의 삶도 아닌 나의 삶이니까. 그 자리에서 마누라, 새끼 걱정은 들지도 않았다. 오직 내 한 목숨, 이대로 비참하게 끝내고 싶지 않다는 지극히 이기적인 욕심과 미련뿐이었다. 그것이 내 안에서 한줌의 불꽃을 틔웠다.

번역을 하자. 내 글을 써서 인세를 받자. 지금까지 말로만 글을 쓴다, 글을 쓴다, 노래를 부르며, 시내 아파트는 닭장 같아서 내 글을 못 쓰겠으니 경치 좋은 시골에 집 짓고 살면 베스트셀러는 문제도 아니라고 아내를 꾀어냈는데, 결과적으로 글 한 줄 제대로 못 쓰고 쫄딱 망했다. 이제야말로 그 약속을 지켜 낼 때다. 그 길밖에는 없다. 왜 미처 생각하지 못했을까. 후회와 자책, 희망이 뱃속에서 뒤엉켜 심장이 두근거렸다. 이건 홍통이 아니다. 살았다는, 살 수 있다는 안도와 자신감이다.

내가 열다섯이었을 때 해방을 맞았다. 초·중등 교육을 일제시대에서 보냈다. 학교에 처음 들어가서 배운 것이 일본어다. 초등학교 6학년 때는 내가 쓴 작문이 장학관 상을 받은 적도 있었다. 해방 후에도 일본어 공부를 열심히 했다. 책을 읽기 위해서다. 그 시절엔 제대로 번역된 외국 문학이 없었다. 먹고살기도 죽어 넘어가는 판에 돈 들여서 외국 서적을 번역한다는 건 있을 수 없는 일이다. 잠시 학교에서 스치듯 배운 일어로는 일역판 외국 문학을 제대로 읽을 수 없었다. 사전 한 권 펼쳐 놓고 일본어판 백과사전부터 시작해서 도스토예프스키 일역판을 바로 공략했다.

그 시절에 배운 공부는 평생토록 잊어버리지 않는다. 머리가 아무리 늙고 퇴화했어도 절대로 잊어버리지 않는다. 늙어서 다 잊어버린 게 아니라 찾아서 꺼내 쓸 생각이 없기 때문에 배웠다는 것마저 까먹은 것뿐이다. 기자 시절에도 좋은 책이 있으면 간간히 남의 이름으로 취미 삼아 번역을 했다. 스웨덴 여류 작가 라겔뢰프의 장편소설 『닐스의 모험』도 헌책방에서 우연히 구한 일어판이 하도 재미있어서 내가 직접 번역해 영남일보에 연재했던 것이 시초다. 나의 첫 번째 번역 작업이었다.

이후로도 간간이 번역을 했지만 대부분 기업 경영과 관련된 업무적인 성격이 강했다. 90년대만 해도 국내에는 기업 경영에 대한 서적이 거의 없었다. 가까운 일본의 발전된 경영전략을 참고로 할 수밖에 없었다. 한국 생산성 본부에서 내가 한 일이 그것이었다. 생산성 본부에서 발행하는 월간지 《기업경영》에 일반 사원 및 중간 관리자의 자질 향상을 위한 기획 기사를 집필하는 동시에 일본에서 책을 구해 경영 서적을 번역하고 각 기업에 배포토록 하는 업무였다.

번역은 어디까지나 나의 두 번째 장기라고 생각했고, 고급 유희라고 여겼는데 사정이 이렇게 되고 보니 내가 살아남을 수 있는 마지막 동아줄이었다. 나를 세상에 팔 수 있는 자본 중의 자본이었던 것이다. 빤스 한 장 입고 거리에 나앉게 된 늙은이를 세상이 다시금 받아줄 수 있게 해주는 생애 마지막 대출 창구, 휴먼 캐피탈이었던 셈이다.

십오만 원짜리 중고 컴퓨터 한 대만 있으면 된다. 프린트는 우체국에서 공짜로 쓸 수 있다. 거기서 메일도 보내면 된다. 살아 있는 내 머리와 좋은 책만 구하면 된다. 책이라면 평생을 곁에 두고 읽어온 나의 동반자다. 절대로 나를 배신할 리 없는 종교와도 같다. 가장 힘든 고비에 가장 좋아하는 일을 하면 그것으로 삶은 위로가 된다. 죽을 것만 같은 하루하루가 즐겁고 헌신적인 세월로 바뀔 수 있는 것이다.

나를 바꿔주는 주체는 결코 남이 될 수 없다. 의사는 내 몸을 고치고, 목사와 승려와 신부님은 내게 좋은 말씀을 해줄 수 있다. 아내를 위해, 자식을 위해 내 한 몸 부서져라 일할 수도 있다. 그러나 약은 내장으로, 좋은 말은 귀로, 노동은 통장으로 들어가는 게 고작이다. 내 인생을 바꾸는 건 나밖에 할 수 없는 일이다. 그리고 오직 나를 위해서만 사람은 바뀐다.

인적 자본은 인간의 사회적 가치다. 대기업 사장 출신이 퇴직 후 할 수 있는 일이 뭐가 있을까. 벌어놓은 게 많으니 다달이 통장에 연금이다, 보험금이다, 적금 이자다 해서 경제적 풍요가 차곡차곡 쌓일 테지만, 그 나이에 돈 한 푼 없는 맨몸뚱이라면 그가 뭘할 수 있을까.

퇴직자들이 기껏 한다는 게 뭔가. 동네에서 빵이나 팔고 커피나 끓인다. 퇴직금 몽땅 털어다가 빵집, 통닭집 차렸다가 몇 년 안에 다 들어먹고 이혼 당한다. 돈을 못 벌어서 아내에게 이혼 당한다는 것인데, 그렇다면 애초부터 돈으로 여자를 샀다는 소리밖에 안 된다. 한 이불 덮고 베갯머리송사를 쌓아올린 햇수만 수십 년임에도 다 늙어서 돈 때문에 갈라서는 사이라면 그것은 인간으로서 수치다. 내 가치가 돈의 액수에 따른다는 것은 수치다. 가족도 인정해 주지 않는 처지가 됐다면 차라리 죽는 게 낫다.

빈털터리가 되어도, 노망이 나서 벽에 똥칠을 해도 당당하게 대접받고 사는 사람이 되어야 한다. 우리 아버지, 우리 아내는 벽에 똥칠해도 된다, 그럴 만한 가치가 있는 부모이자 배우자였다고 가족들에게 인정받으며 살아야 한다. 수십 억 자산을 가진 부호임에도 유서 한 장 때문에 자식들끼리 피가 튀는 싸움을 하고, 큰아들 집에서 작은 아들 집으로, 막내 놈 집으로 이리저리 옮겨 다니다가 길바닥에서 지쳐 쓰러진다면 돈은 벌어서 뭐하겠다는 것인지 모르겠다.

기자 시절 윗사람한테 유난히 잘하던 친구들이 있었다. 능력 때문인지, 사바사바를 잘해서인지는 몰라도 중간에 정치권과 연결돼 공기업 사장도 하고 그랬다. 지금은 사무실 하나 빌려다가 거기서 하루 종일 졸다가 집에 들어간다. 잡소리 같은 걸 책이라고 써놓고는 내줄 만한 출판사 없느냐고 전화도 오고 그런다. 이걸 글이라고 썼느냐고 욕을 해도 내 앞에서는 끽소리 못한다. 나는 잘 나가는 현역이고 그들은 뒷방으로 물러난 퇴물이기 때문이다. 젊어서는 나보다 잘나갔고, 내가 뒤늦게 망조가 들었을 때는 "김 형, 왜 그러고 사오?" 하면서 타박이나 하던 친구들이 지금은 내가 부럽다고 한다. 그럴 수밖에 없는 것이 나는 인적 자본에서 그들보다 앞서고 있기 때문이다. 그래서 세상이 여전히 나를 필요로 하고 있기 때문이다. 새파랗게 젊은 독자들이 내가 번역한 책을, 내가 쓴 책을 읽어주고 있기 때문이다. 내 얼굴, 내 나이, 내가 살아온 시간들은 몰라도 현재의 나에 대해서는 관심을 갖고 지켜봐주고 있기 때문이다.

세상에 공짜는 없다. 신용도가 높다고 우쭐댈 수 있는 시간은 길어야 몇십 년이다. 은퇴하면 우쭐댔던 그 시간만큼 차디찬 냉대를 받으며 살아가게 된다. 이걸 아는 사람은 늙지 않고 살아갈 테고, 이걸 모르는 사람은 사는 게 아니라 다만 늙어갈 뿐이다.

산 자를 위한 무덤은 없다

"사람이 발가벗은 맨몸뚱이로 세상에 내던져지는 것은 자연의 순리다.
창피할 것도, 기가 막힐 것도 없다."

집이 경매로 정리되고 내 손에 떨어진 차액은 300만 원이 고작
이었다. 이 돈으로는 월세도 못 얻는다. 여기저기 발품을 팔아 공
짜로 살 수 있는 집을 찾아냈다. 대부도 근처의 작은 동네에 남양
홍씨 묘막(墓幕)이 있다. 1년에 한 번 가을에 시제(時祭)를 지내 주고
무덤 두 개를 관리하는 조건으로 방 세 칸짜리 농가 주택을 공짜
로, 그리고 쌀도 세 가마니나 거저 준다는 것이다.

나는 좋다고 바로 계약했다. 와이프에게 사정을 설명하자 펄쩍
뛴다. 교회 권사였고, 나는 집사라는 이유에서다. 말이 집사지 아
내 성화에 못 이겨 교회에 다니는 술 먹고 담배 피는 '잡사'여서 묘
막이든 묘지든 상관할 처지가 아니었지만, 아내는 달랐다. 묘막에
살며 잿밥 차리는 것만은 죽어도 못 하겠다고 버텼다. 그래서 나

는 성경 한 구절을 갖다 댔다.

어느 날 사도 바울이 사람들에게 그리스도의 말씀을 전파했다. 그 이야기를 감명 깊게 들은 한 사람이 자기 집으로 초대했다. 마침 그 집에서는 제사가 있었다. 당연히 귀신에게 드리는 제사다. 사도 바울은 망설이지 않고 제삿밥을 먹었다. 나중에 제자들이 왜 그런 부정한 음식을 먹었느냐고 타박하자 바울은 말한다. 목구멍으로 들어가는 게 사람을 더럽히는 것이 아니라 목구멍에서 나가는 말이 사람을 더럽히느니라.

나는 사도 바울의 말에 전적으로 공감한다. 묘막 또한 신의 섭리라고 믿으며 감사하게 여겼다. 신앙은 개판이지만 종교적인 변명거리는 성경에서 잘도 찾아내는 게 나의 특기다.

교회에 매달 십일조에 감사 헌금 꼬박꼬박 갖다 바칠 때는 목사가 툭하면 우리 집에 와서 기도해 주고 잘 되라고 축복해 주더니 망하게 생기니까 한다는 말이 회개하란다. 내가 술 안 끊고 담배 안 끊어서 우리 집이 망하게 됐다는 것이다. 나 때문에 아내와 아들이 고생하는 것이란다. 그럼 이제까지 수십 년 동안 내가 술 먹고 담배 피워가며 죽도록 일해서 번 돈은 뭔가 싶었다. 그 돈의 십 퍼센트로 자기 마누라랑 새끼 먹여 살린 목사는 또 뭔가. 이게 말이라고 입에 담는 건가 싶어 맘 같아서는 한 대 올려붙이고 싶은 걸 꾹 참았다. 아내는 또 그 말에 아멘, 하면서 좋다고 받아들인다. 이번 참에 술 끊고 담배 끊고 착실하게 신앙생활 해 보자고 구슬린다. 그렇게 하면 다 잘 풀릴 것이라는 얘기다.

아내가 그나마 종교에 심취해서 마음의 평안을 얻은 덕분에 나한테 긁어대는 바가지가 좀 뜸해진 것 같아 당장 교회에 나가지 말라고는 하지 않았다. 대신 묘막으로 이사하는 것은 강행했다. 공짜로 살 수 있으니 얼마나 좋으냐, 여기서 몇 년만 고생하면 내가 반드시 재기해서 시내 아파트로 다시 이사할 수 있게 하겠다고 꾀었다. 덧붙여서 담배를 끊겠다고 선언했다. 술은 죽어도 못 끊지만 담배는 어차피 끊어야 될 것 같았다. 가뜩이나 후각이 진돗개처럼 예민해서 담배 댓진 내라면 진저리를 치던 아내를 두고 금연과 묘막 간의 빅딜을 성사시켰다. 그리고 낙찰 잔금 300만 원에서 통 크게 아내 옷 한 벌과 내 섀미 코트 한 벌을 샀다. 여기에 150만 원이 들었다. 남은 150만 원 중 100만 원은 묘막집 도배장판에, 나머지 50만 원은 이사 비용으로 썼다.

그러다 보니 내 수중에는 단 돈 1원도 안 남았다. 석 달인가 넉 달에 한 번씩 나오는 노인 교통비 3만 5천 원이 수입의 전부였다. 그래도 나는 기뻤다. 더 이상 돈 때문에 아야야 할 일이 없고, 돈 내놓으라고 닦달하는 전화도 없다. 또 교회에 안 나가도 된다. 여기에는 약간의 사정이 있다. 교회 사람들이 우리를 멀리했다. 무슨 저주받은 족속이라도 보는 것처럼 우리 가족이 교회에 등장하면 뒤에서 수군수군댔다. 교회고 나발이고 인간은 다 똑같다, 차라리 성경에 나오는 것처럼 골방에서 기도하자고 아내를 설득했다. 아내도 이번에는 큰 상처가 되었는지 차츰차츰 교회에 발길을 끊더니 아예 나가지 않게 되었다. 대신 매일 밤 가족 예배를 봤다.

세 식구 찬송 부르고 성경 읽고 내가 설교하고 서로를 위해 손 붙잡고 기도했다. 믿음과 신앙을 떠나서 눈 감고 가족에게 나의 잘못을, 실수를, 욕심을 회개하는 자리를 갖는 것이 슬픔과 동시에 큰 위로가 되었다. 진짜 신앙이란 이런 게 아닌가, 하는 생각이 들었다. 조선시대에 무슨 판서를 지냈다는 300년 전에 죽은 이의 무덤 밑에서 가족에 대한 사랑과 세상에 대한 용서를 일깨움받은 것이다. 이보다 더 큰 신앙생활이 어디 있을까. 그야말로 귀신 앞에서 회개하고 구원받은 게 아닌가. 난 지금도 그렇게 믿고 있다.

매일 같이 산중턱 묘지에 올라가서 풀도 뽑고 돌멩이도 줍고 하니까 자연스레 건강도 좋아졌다. 다리에 힘이 붙고 호흡이 길어지는 게 몸으로 느껴졌다. 담배는 예상 외로 쉽게 끊었다. 열다섯 살부터 피운 담배다. 자그마치 50년 넘게 피운 담배가 한순간에 머릿속에서 지워지지는 않았다. 길에 버려진 꽁초를 주워 피우다가 아내한테 걸려 개망신을 당하기도 했다. 결국은 끊었다. 의지로 끊었다. 담배 생각이 나지 않을 만큼 열심히 일했다. 젊었을 때보다 더 열심히 일했다. 새벽 다섯 시부터 책상머리에 앉아 하루에 원고지 분량으로 80~90매씩 번역했다. 묘막집을 내 무덤이라 생각하며 일했다. 이곳에서 산 채로 빠져나간다면 나는 다시 태어나는 것이라고 자기 세뇌를 반복했다.

정확히 3년 후에 약속대로 나는 묘막을 벗어났다. 내 나이 일흔이 넘었을 때다. 서민 임대 아파트 보증금을 마련하는 데 성공했다. 그리고 이 묘막집에서 난생 처음 꿈에 그리던 내 책이 출간되었다. 일흔이 넘은 나이에 묘막집에서 진짜 '작가'가 된 것이다.

나는 이것을 우연이라고 생각하지 않는다. 죽은 자와 더불어 죽기 살기로 좌충우돌 세상과 맞서 싸운 전리품이라고 믿는다. 당신 나이에는 어림없다, 곱게 죽을 준비나 하라는 세상의 손가락질을 비웃으며, 그래? 나를 그렇고 그런 늙은이로 여기는 거냐? 어디 한 번 두고 봐라, 그 분함과 자신감을 숨김없이 폭발시켰기에 나는 올해 여든셋 나이에도 불구하고 여전히 현직에서 번역가로, 작가로, 독자와 출판계의 부름을 받는 현역으로 살아갈 수 있는 것이다.

예순여덟, 적지 않은 나이에 모든 것을 잃었지만, 결코 나를 잃지는 않았다. 나이는 상관하지 않았다. 나는 백열 살까지 생존해야 되고, 아흔다섯까지는 글을 써야 한다. 이제 겨우 예순여덟 살밖에 되지 않은 어린애라고 생각했다. 아직도 살아갈 날은 50년이나 남았고, 일해야 될 시간은 30년이 남았다. 30년이면 갓난아기가 태어나서 직장에 들어갈 때까지의 시간이다.

다시 태어난 것으로 여겼다. 내가 다시 한 번 태어난 것이라고. 사람이 발가벗은 맨몸뚱이로 세상에 내던져지는 건 자연의 순리다. 창피할 것도, 기가 막힐 것도 없다. 그게 당연하다. 나는 그렇게 믿으며 살았다. 이 세상에 산 자를 위한 무덤 따위는 없다고 온몸으로 확인하며 살아왔기 때문이다.

마음의 주름 관리하기

"매일 밤 잠자리에 누워 오늘 밤이 마지막은 아닐까, 이대로 내 심장이 멈춰버리면 내일 아침 죽어 있는 나를 발견한 아내가 얼마나 놀랄까, 그 표정이 궁금하기도 하고, 잘못한 것도 없는데 괜스레 미안해지기도 한 다."

혹시라도 독자 중에 '당신처럼 별난 인종이니까 그렇게 살 수 있는 것 아니냐'고 생각하시는 분이 계실까봐 새삼 걱정이 된다. 그래서 감히 말씀드리는데 나 같은 인간도 이 나이 먹도록 하고 싶은 일하면서 잘났다는 듯이 사는 걸 보면 누구든지 나보다 더 재미나게, 나와는 비교가 안 될 만큼 멋지게 살아갈 수 있으리라고 장담한다. 실제로 내 주위의 많은 분들이 인생의 프로페셔널답게 생애의 후반부를 화려하게 불태우고 계신다.

게다가 내가 여든 셋 나이에 이런 책을 쓰는 것은 유달리 건강해서가 아니다. 내 몸은 건강한 체질과는 거리가 멀다. 걷고 숨 쉬는 것 빼고는 운동이란 것을 한 적이 없고, 몸에 좋다는 보양식과 한약은 혓바닥에 안 맞아서 삼켜 내지를 못한다. 게다가 가족 병력에 중증 고혈압이 떡하니 버티고 있다. 흔히 말하는 본태성 고혈압이다. 엄마 뱃속에서부터 혈압이 오를 대로 올랐다는 뜻이다. 양친은 모두 혈압 계통 질병으로 일찍 세상을 떠나셨고, 내 현재 모습은 하루도 혈압약 없이는 살지 못하는 고혈압 환자다.

동생들도 다들 몸이 안 좋다. 그 중 한 놈은 평생 술도 안 먹고, 담배도 안 피우고, 학창 시절에는 럭비 선수로 활약하며 제 몸을 신줏단지 아끼듯 끌어안고 살뜰히 보살폈다. 그러다가 사시사철 따사로운 로스앤젤레스로 이민을 가서 살 만하다 싶을 무렵, 중풍에 걸려 고생만 직사하게 하다가 먼저 떠나버렸다. 또 한 놈은 하루에 먹어야 될 약만 스물여섯 가지나 된다.

어려서 내 별명이 '노랑태'였다. 북어를 말려도 너무 말려서 노랗게 뜰 때까지 말린 걸 보고 '노랑태'라고 한다. 그 정도로 어린 시절부터 곯아 있었다. 열 살 무렵에는 마마(媽媽)로 불리는 천연두에 걸려 반년 가까이 방에서 꼼짝없이 갇혀 지냈다. 그 시절엔 동네에서 천연두 환자가 발견되면 외지로 격리시킨다. 전염될까봐 겁이 나서다. 어머니는 어린 아들이 죽는 것보다 자기 곁에서 멀어지는 게 두려워 식구들 눈까지 속여가며 나를 숨기셨다. 하늘이 그 정성에 감동했는지 요행히 죽지 않고 살아남았다. 그래도 내 팔뚝과 등짝에는 여전히 마마 자국이 선명하다.

그런 체질임에도 몸을 아끼지 않고 대책 없이 살았다. 내 식구조차 나 같은 늙은이가 특별히 아픈 구석 없이 잘 살아가는 게 신기하다고 말할 정도다. 그때마다 나는 백열 살까지 살 건데 무슨 소리냐고 타박한다.

하지만 속으로는 나도 겁이 난다. 매일 밤 잠자리에 누워 오늘 밤이 마지막은 아닐까, 이대로 내 심장이 멈춰 버리면 내일 아침 죽어 있는 나를 발견한 아내가 얼마나 놀랄까, 그 표정이 궁금하기도 하고, 잘못한 것도 없는데 괜스레 미안해지기도 한다. 가끔은 죽음이 바로 코앞에 서 있는 것 같은 기분에 잠을 설친다.

그때마다 떠오르는 구절이 하나 있다. 젊어서 읽었던 도스토예프스키의 『백치』에 나오는 한 대목이다.

"나는 내가 어디로 가는지 알고 있다. 그 끝에 있는 종점이 어떤 모습인지 확실하게 알고 있다. 그곳엔 무덤이 있다. 나만 알고 있는 게 아니라 우리 모두가 알고 있는 사실이다. 그러므로 거기까지 가는 데 길 안내는 필요 없다. 문제는 지금 내가 서 있는 곳에서 그곳까지 가는 길이다. 길은 하나가 아니기 때문이다."

도스토예프스키는 12년간 시베리아에서 유형 생활을 했다. 그런데 사정을 알고 보면 기가 찬다. 공산주의 서클의 독서회에 호기심 때문에 찾아갔다가 하필이면 바로 그날 경찰에 붙잡힌 것이다. 그리고 사형선고가 내려졌다.

사형당하기 20분 전에 도스토예프스키는 앞으로 무엇을 할 것인가 고민했다. 고민하는 사이에 15분이 지났다. 이제 5분이 남았다. 앞으로 5분밖에 살 수 없다는 것을 깨닫자 5분이라는 시간이 너무나 길게 느껴졌다. 도스토예프스키는 세 가지 할 일을 정했다. 첫째는 만난 지 얼마 안 되었지만, 그래도 정이 든 감방 동료와의 작별에 2분을 썼다. 다음으로 자신이 어떤 존재였는지를 2분간 생각했다. 마지막 1분은 설령 감방일지라도 그저 눈앞의 세상을 바라보는 데 사용했다.

최후의 순간이 찾아왔고 도스토예프스키는 사형대 앞에 섰다. 눈이 가려지자 귀가 더욱 예민해졌다. 소총에 실탄을 장전하는 소리가 생생하게 들렸다. 끝이라고 생각하는 순간, 러시아 황제의 칙사가 사형장에 도착했다. 사형을 취소하고 시베리아 유형으로 감형해 주겠다는 선고였다. 그렇게 떠난 시베리아에서 도스토예프스키는 살인범, 정치범, 강간범, 탈출한 농노들과 12년을 지냈다.

잠이 안 올 때면 도스토예프스키처럼 5분간 생각에 잠긴다. 2분은 가족을 생각한다. 내일은 무슨 말을 해줄까, 무슨 일로 즐겁게 해줄까 생각한다. 2분은 나에 대해 생각한다. 내일은 뭘 먹을까, 어디를 갈까, 누구를 만날까, 그리 되지 않더라도 궁금한 마음을 가지고 생각해 본다. 나머지 1분은 눈을 뜨고 어두컴컴한 천장을 바라본다. 옆에 누워 있는 아내를 바라본다. 꺼진 텔레비전을 바라본다. 굳게 닫힌 안방 문을 바라본다. 눈을 뜨고 그냥 바라보는 것이다. 내가 살아 있음을 확인하는 것이다. 살아 있음에 대한 실감이다.

죽음을 받아들이는 것은 몸이 아닌 마음이다. 노화도 그렇다. 노화는 마음으로부터 시작된다. 나이 들어 몸이 쇠잔해져 죽는 게 아니다. 그랬다면 나 같은 사람은 애저녁에 저승길로 갔어야 옳다. 사람은 기력이 다해져서 죽는다. 기력이 쇠하지 않으면 이깟 나이는 아무것도 아니다. 기력이란 곧 마음의 힘이다.

마음처럼 신비로운 게 없다. 마음은 정상과 비정상을 따지지 않는다. 건강과 비건강을 따질 뿐이다. 그래서 정상적인 마음이 건강하다고 볼 수 없으며, 비정상적인 마음이 나쁘다고도 말할 수 없다. 한마디로 '건강한 마음'을 갖고 있으면 되는 것이다. 특히 나이가 들수록 '건강한 마음'은 필수다.

그다지 알려진 사실은 아니지만, 인간의 체력은 나이가 들어서도 우리가 생각하는 것처럼 심각하게 쇠퇴하지는 않는다고 한다. 심장만 해도 그렇다. 청년과 노인의 심장 능력을 비교했더니 뜻밖에도 별반 차이가 없었다. 격한 운동을 했을 때 평소의 몇 배까지 심장이 활동하는가를 나타내는 '심장 예비력'을 측정한 결과 25세에서는 평균 4.6배였다. 70세에서는 평균 3.3배. 25세 젊은이의 심장은 70세 노인의 심장보다 여유분이 20퍼센트쯤 더 있다는 뜻이다.

나이가 들면 근육의 효율은 평균 30퍼센트 떨어진다. 이 또한 평소에 잘 쓰지 않는 '예비 근력'이 떨어지는 것뿐이다. '여유분'이 먹어가는 나이에 반비례해서 줄어드는 것이니 실생활에 필요한 체력은 나이 들어서도 크게 달라지지 않는다고 볼 수 있겠다. 문제는 머리, 즉 지능이다.

일본의 노인 종합 연구소에서 73세 노인들이 83세가 될 때까지

10년간 아이큐가 어떻게 변했는지를 추적·조사했다. 동작의 기민함과 정확도를 나타내는 동작성 아이큐는 떨어졌어도, 지식과 이해력을 나타내는 언어성 아이큐는 73세 평균보다 83세 평균이 더 높았다. 나이가 들수록 머리가 더 좋아졌다는 결과가 나온 것이다.

그런데 왜 노인 문제가 나타나는 것일까. 우리는 왜 늙음을 두려워하게 된 것일까. '감정' 때문이다. 감정이란 생각의 힘, 마음의 힘, 다시 말해 감동하는 기운의 총칭인데, 몸과 머리에 비해 이 기능은 나이가 들수록 급격하게 쇠퇴한다. 그와 동시에 기력이 쇠해진다. 기력이 쇠해지면 멀쩡했던 체력과 지력이 한꺼번에 늙어 버린다. 내가 이 나이 먹도록 객기를 부려 가며 주책을 떨 수 있는 까닭은 전적으로 마음이 건강하기 때문이다.

인간은 나이를 먹을수록 몸도 뇌도 늙는다. 마음에서 온기가 없어진다. 특히 50대를 지나면서 본격적인 노년을 앞두고는 부모님, 혹은 배우자, 친구들의 죽음을 차례로 직면하게 되고, 품에 안았던 자식들을 독립시키고, 젊어서부터 일해 왔던 직장과 직종에서 퇴직을 맞게 된다. 상실의 연속이다. 마음이 우울해지고 약해지는 것도 무리는 아니다.

기력이 쇠퇴하면 체력과 지력이 쇠퇴한다. 몸과 머리를 사용하지 않으면 약해지는 게 당연하다. 무언가를 하려는 기력이 사라지면 몸과 머리를 써야겠다는 생각이 들지 않는다. 그것이 인간을 노화로 이끈다.

체력적으로 여유가 충분한 젊은 시절에는 입원 등으로 몸을 사용하지 못하는 시기가 있더라도 다시 쓰기 시작하면 금방 회복된다. 그러나 노년은 다르다. 감기가 도져 겨우 한 달 방에 누워 있었을 뿐인데 체력이 급격히 떨어져 두 번 다시 일어나지 못하게 되는 경우가 허다하다.

마음도 마찬가지다. 여러 가지 일에 흥미를 가지려고 노력해야 한다. 여기저기 기웃거려야 한다. 그러다 보면 새로운 지식이 생기고, 나이가 들어서도 사고가 유연해진다. 지식은 '건강한 마음'의 기반이다. 공부를 하면 나이가 들어도 지능은 더욱 높아진다. 지능이 의욕이 되고, 의욕은 기력이 되어 마음의 건강을 유지시켜 준다. '내 나이가 몇인데'라면서 세상에 대한 관심, 배움에 대한 관심, 낯선 것들에 대한 호기심을 중단하는 그 순간에 기력이 내 몸에서 빠져나간다. 늙음에 굴하지 않고 쿨하게, 박력 있게 노년을 살아가기 위해서는 의욕이 넘치는 건강한 마음으로 젊은 감정을 유지해야 되는 것이다.

사용하지 않으면 쇠퇴한다. 무엇이든 해 보고 싶다는 마음의 마사지가 경직된 노년의 몸을 주물러 준다. 그러면 머리가 움직이기 시작한다. 몸과 머리가 제대로 움직이기만 하면 만사 오케이다. 나이 들어서 못 할 일이 없고, 늙어서 안 된다는 마음도 사라진다. 그 통쾌함을 맛보지 못한 채 죽는 것보다 억울한 죽음은 없다.

2부
직함 없는 인생, 얼마나 좋은가

눈물 펑펑 쏟은 이 교장

"이름 앞에서 직함이 떼어진 사내는 노숙자나 교장이나 대기업 회장이
나 대통령이나 다 똑같다. 아무도 써주는 데가 없고, 할 것도 없는 무산
계급이다."

어느 해 봄인가 내가 살던 묘막집에 낯선 손님이 찾아왔다. 안
양에서 초등학교 교장을 지내고 있다는 이씨 성을 가진 60대 중반
의 남자였다. 가을에 퇴직을 하는데 산자락 밑 양지바른 땅을 찾
아 여기까지 왔다가 집 한 채가 쓸쓸히 들어앉아 있는 것을 보고
들렀다는 이야기였다. 얼른 커피 한 잔을 타왔다. 내 꼬락서니는
볼품없이 보이겠지만 입맛은 여전히 고급이라 드립 커피가 아니
면 못 마신다. 인스턴트커피는 커피 같지가 않아서 못 먹겠다. 그
래서 잽싸게 커피 머신에서 따뜻한 커피 한 잔을 내려 대접했더니
의외라는 표정이다. 이런 시골에서 드립 커피 맛을 보게 될 줄은
몰랐다는 표정이다. 그 얼굴을 보고 순간 치밀어 올랐다. 도시 사
람은 21세기라 외제 원두커피로 브라질의 향을 느껴야 옳고, 이딴

시골 촌로는 맥심에 프리마를 세 스푼씩 부어 마시는 줄로만 알았느냐고, 교장이 뭐 이렇게 생각이 좁냐고 한마디 뱉고 싶었지만, 간만에 본 이방인 얼굴이 어찌나 반가운지 주독이 틀림없는 그의 딸기코까지 예뻐 보였다.

　시골은 사람이 그립다. 가뜩이나 나이가 들면 인간관계의 폭이 좁아지기 마련이고, 사람을 접하지 못하는 데서 상당한 스트레스를 받는다. 젊어서 잘나갈 때야 누가 아는 척하는 것도 귀찮았지만, 고생하느라 와짝 늙어가며 고달프게 살다 보면 지나가는 똥개가 꼬리를 쳐도 무지하게 반갑다. 인간이 외딴 섬처럼 적막해져 똥개한테서라도 귀여움을 받고 싶어지는 것이다.

　요즘 들어 아파트에 사는 노인들이 애완견을 많이 키운다. 사람이 그리운데 사람은 나를 찾아오지 않고, 그래서 살아 있는 생물 중에 인간에게 가장 호의적인 개를 탐하게 되는 것일 게다. 만약 소가 사람을 잘 따르며 개처럼 굴었다면 어땠을까 상상해 본다. 아마도 집집마다 송아지 한 마리씩 분양받았을 것이다. 생각만 해도 아찔하다. 놀이터 개똥도 보기 싫어 죽겠는데 소똥이 나뒹굴게 된다면 어떻게 되겠는가. 설마 송아지를 키우겠어, 라고 생각할 수도 있지만, 인간은 그런 불편함을 감수하고도 혼자가 되지 않으려 애쓰는 생물이다. 그런 특성은 나이가 들수록 더욱 심해진다.

　그 뒤 이 교장은 내가 사는 묘막집에서 멀지 않은 저수지 가의 땅을 샀다. 여기에 통나무집을 짓고 화목 보일러를 설치해 손수 산에서 나무를 패다가 난방을 해결하고, 호젓한 저수지 물살에 비치는 달빛을 바라보며 매일 시 한 수 지으며 사는 게 꿈이라고 했다. 이곳에서라면 솔잎처럼 가볍게 죽을 수 있을 것 같다며 잔뜩 기대에 부푼 눈치였다. 나는 덕담으로 좋은 곳에 오셨으니 즐거운 여생 보내시라고 말하며 그의 기분을 맞춰줬다.

이 교장은 토지대장의 소유자 인적 사항에 자기 이름이 올라가기 전부터 주말마다 아내를 데리고 내려왔다. 건축 회사와 계약해서 측량을 하고 통나무집을 짓기 시작했다. 그 사이 꽤 친분이 생겨 나는 이 교장 은퇴식에도 참석했다. 교사들에게 나를 유명 일간지에서 30년간 기자 생활을 하신 분이라고 소개했다. 내가 이런 사람과도 친분이 있다, 그러니 내가 물러난 뒤에도 나에게 잘 보이도록 하라, 뭐 그런 의도로 소개한 것처럼 들렸다. 이 교장은 내가 엉뚱한 곳에 투자했다가 전 재산을 말아먹고 알거지가 돼 현재 묘막집에서 남양 홍씨 잿밥이나 차리는 늙고 가난한 출판 노동자라라는 것을 알고 있었지만, 동료 교사들에게 이런 사정은 일언반구 꺼내지도 않았다. 오직 자기 필요에 따라 타인의 화려했던 과거의 신분을 끌어다가 현재의 자기 위상에 마구 덧칠하느라 정신이 없었다.

왜 그랬는지는 나도 잘 안다. 나를 초등학교에서 애새끼들 손바닥이나 때리고 구구단이나 외워댄 사람으로 보지 마라, 사회적으로 이만큼 신분이 갖춰진 사람이니 내가 퇴직해도 곧잘 내가 은거하는 시골에 내려와서 나한테 잘 보여라, 그러면 너희들 뒤를 봐주겠다. 이런 뉘앙스를 풍기기 위해 나를 활용한 셈이다. 인간 속내의 은밀한 자기 과시욕이라면 굳이 평생을 초등학교에서 열 살 내외의 꼬꼬마들과 부대끼며 살아온 순진한 이 교장을 들먹일 필요도 없다. 나야말로 그런 부류의 대표 주자가 아니었던가. 단지 걱정이 되는 건 순진한 이 교장이 앞으로 겪게 될 세상의 차디찬 냉소와 하루아침에 바뀌어버릴 세간의 평가였다.

은퇴 후 6개월이 이 교장에게는 가장 행복한 시절이었다. 주말이면 동료 교사들이 바리바리 먹을 것을 싸와 고기도 굽고 술도 마셨다. 이때까지만 해도 이 교장은 아직 왕이었다. 나도 한 자리 가담했다. 당연히 묘막살이 김 씨가 아닌 자신과 함께 세속에 구애됨 없이 맑은 하늘 밑에서 인생의 황혼을 배불리 먹고 누리는 성공한 퇴직자로서였다. 이 교장이 나를 어떻게 이용하든 내 관심은 오직 젊은 초등학교 교사들이 들고 온 데킬라에 꽂혀 있었다. 처음 마셔보는 멕시코 술맛은 선인장 가시처럼 내 혓바닥을 아릿하게 자극했다. 교사들이 구육(狗肉)을 그처럼 잘 먹는다는 것도 이 교장 덕분에 알게 된 사실이다. 초등학교 3학년 담임을 맡고 있다는 여교사는 술에 취해 앵두 같은 입술로 감탄사를 내뱉으며 구두(狗頭)의 골까지 빼먹었다. 평소에는 저 입술로 아이들 앞에서 '탄일종'을 불렀을 것이라고 생각하니 술맛이 더없이 좋았다.
이러니저러니 해도 한두 번이다. 떠난 자로서 겸손함을 잊고 교장실에서 사람 윽박지르던 기술만 여전히 시현하려는 이 교장의 통나무집에 교사들은 더 이상 찾아오지 않았다. 마지막까지 그의 곁에 남은 사람은 이 교장의 표현을 빌리자면 '옴팡눈에 반곱슬에 앞짱구'인 그의 아내와 데낄라를 탐하는 나뿐이었다.

할 일이 없어진 이 교장은 통나무집 앞 저수지를 찾은 낚시꾼들 곁에서 똘마니 짓이나 하며 시간을 보내게 되었다. 밑밥도 주워오고 엉킨 낚싯줄도 풀어주면서 하루해가 빨리 저물기를 기다렸다. 밤이 되면 저수지에 비치는 달빛 대신 소주잔에 비치는 달빛을 잡아먹을 듯이 삼켰다. 날이 갈수록 주량과 주사가 늘었다. 신세 한탄부터 시작해서 이제는 자기를 찾지 않는 교사들에게 툭하면 늦은 밤 전화를 걸어 제발 한 번만 더 만나러 와달라면서 처음 사귄 여자 친구에게 차인 이병 쫄따구처럼 고독 앞에서 몸부림치기 일쑤였다. 나야 그러거나 말거나 데낄라만 마실 수 있으면 족했으니 그런 내가 이 교장에게 위로가 됐을 리 없다. 더구나 나는 그보다 십 년은 나이가 위였다.

하지만 이 교장은 항상 내 앞에서 자신이 어른인 양 굴었다. 나는 그게 조금도 고깝지 않았다. 당연하다고 생각했기 때문이다. 그는 이제 볼장 다 본 죽을 날만 기다리는 '전직' 초등학교 교장이다. '전직'이란 말이 얼마나 무서운가 하면 이름 앞에서 직함이 떼어진 사내는 노숙자나 교장이나 대기업 회장이나 대통령이나 다 똑같다. 아무도 써주는 데가 없고, 할 것도 없는 무산계급이다. 그것도 버려진 무산계급이다. 매력이 없다. 쓸 만한 구석이라곤 하나도 없다. 그런 걸 누가 찾겠나. 나라도 안 찾는다. 나만 해도 이 교장을 찾아간 게 아니라 데낄라를 찾아간 거다. 그에 비하면 나는 가진 것은 없어도 인간으로서 생산력을 잃지 않은 당당한 유산 계급이다. 내가 열 살이 더 많든, 스무 살이 더 많든 놀고먹는 인간 앞에서는 어린애다. 나는 그를 사회적으로 부양하고 있기 때문이다.

버려진 폐품이 아직도 쓸 데가 있고, 실제로 쓰고 있는 오래된 중고품 앞에서 옛날 일을 들먹이며 선배 노릇하는 것은 당연하다. 나이는 아무 짝에도 쓸모가 없다. 그냥 숫자다. 나는 그보다 10년이나 나이가 많았지만 그보다 10년은 더 일할 수 있다. 그는 폐품이고 나는 오래된 중고품이다. 이 교장도 본능적으로 그걸 알았는지 내 앞에서 어른 노릇하는 것이 점점 더 자연스러워졌다.

날이 갈수록 이 교장은 당신 신세가 처량하게만 생각되었는가 보다. 그날도 초저녁부터 둘이서 흠씬 마셔 대느라 그는 일찌감치 곤드레가 되었고, 그래서 일어서려는데 끝내 나를 붙들고 딱 한 잔만 더 하잔다. 그리곤 '옴팡눈에 반곱슬에 앞짱구' 마누라를 들볶아 전날 낚시꾼에게 똘마니 짓하고 얻은 붕어로 매운탕을 끓이라고 성화다. 그러자 아내가 "김 선생님은 내일도 일해야 하는데 당신하고 똑같은 줄 알아요?" 하고 쏘아붙였다. 그 말을 듣고 이 교장은 한동안 말이 없었다. 취해서 잠들었나 싶어 얼굴을 들여다보니 울고 있다. 마침 보름이어서 달이 밝았다. 달빛을 받으며 이 교장은 하염없이 울고 있었다.

무너진 챔프의 꿈

"인생은 평생을 걸고 벌이는 시합이다. 인생이라는 시합에 은퇴는 없다. 방어전과 도전이 있을 뿐이다."

나는 스포츠를 좋아한다. 특히 일대일로 맞붙는 스포츠가 좋다. 농구, 배구, 축구, 야구 같은 팀 스포츠는 희한하게 재미가 없다. 절박함이 느껴지지 않아서다.

평생 그 종목만 파고든 젊은 고수 두 명이 만인이 지켜보는 가운데 무대 위에 선다. 두 사람의 어깨에는 가족의 미래와 자신의 미래가 걸려 있다. 내 앞의 저 놈을 쓰러뜨려야만 내가 살고, 지금까지 나를 지원해 준 가족들이 행복해지는 것이다. 왕년의 챔피언 홍수환 씨의 말을 빌리자면 '팬티 한 장 걸치고 사각의 링에 올라가 맨주먹으로 난생 처음 보는 남자를 인정사정 봐주지 않고 때려 죽여야 하는' 운명이다. 드라마도 이런 드라마가 없다. 스포츠를 가리켜 각본 없는 드라마라고 하는데, 나는 이 말에 반대한다. 각본이 없기는 왜 없단 말인가. 승부를 건 인간의 운명처럼 비극적이고 찬란하고 사람들의 호기심을 불러일으키는 명대본이 또 있을까. 내가 스포츠를 좋아하는 이유는 이런 점 때문이다.

나의 화가 많은 성향에는 역시 복싱이 제격이다. 젊어서부터 장충체육관을 내 집 드나들 듯이 찾았다. 특히 김기수, 유제두의 광팬이었다. 60년대 일본 킬러로 명성을 떨쳤던 이안사노가 내 매부다. 하나밖에 없는 여동생 남편이다.

이안사노는 한국 선수로는 최초로 미들급에서 동양 챔피언에 오른 자타 공인 아시아 복싱의 황제였다. 일본 원정에서 한 차례도 지지 않고 승리를 거두면서 영웅 대접을 받았다. 고(故) 이병철 회장이 일본에서 열린 이안사노의 경기를 직접 챙겨 보고 자랑스런 한국 남아라며 훗날 그에게 집 한 채를 선물해 줄 정도였다.

은퇴 후에는 명동에서 극장식 카바레로 떼돈을 벌었다. 그렇게 번 돈을 잘 간수했으면 좋으련만 환갑을 앞두고 큰 욕심을 냈다. 제주도에 백화점을 차리겠다는 것이다. 나에게도 투자를 권유했다. 하루에 소주 두 병, 담배 두 갑이면 세상을 다 가진 것처럼 만족하는 올챙이 뱃심이 고작인 내가 선뜻 따랐을 리 없다. 그러자 은행에서 단 한 푼도 빌린 돈 없이 전부 자기 자본으로 지어 올린 백화점이라며 끈질기게 투자를 구애했다. 지금 생각해 보니 나 같은 미천한 글쟁이의 푼돈까지 아쉬웠을 만큼 상황이 급박했던 것 같다. 집을 담보로 평생 처음 투자라는 것을 했다가 쪽박을 찼다.

매부가 제주도에 백화점을 짓고 얼마 안 되어 신세계 그룹이 제주도에 상륙했다. 대기업과 개인의 경쟁은 게임이 안 된다. 이건 마치 축구 경기에서 한쪽은 열한 명이, 다른 한쪽엔 두 명이 서 있는 격이다. 기어코 어음 9억 원을 막지 못해 부도가 났다. 경제사범이 될 처지에 놓인 매부는 동생을 데리고 나의 넷째 동생이 사는 하와이로 야반도주를 했다.

젊은 시절 두 주먹으로 아시아를 호령했던 매부는 하와이의 따뜻한 햇살 아래 숨어 살다가 건강도 악화되어 초기 치매가 왔다. 말이 어눌해지고 몸뚱이의 반을 자기 뜻대로 움직이지 못하는 신세가 되었다. 예순이 넘어 '펀치 드렁크'가 엄습해 온 것이다. 펀치 드렁크란 복싱 선수들이 말년에 자주 겪게 되는 특유의 노망이다. 선수 시절에 맞은 펀치가 뇌에 지속적인 충격을 가한 탓에 나이가 들수록 뇌가 제대로 작동하지 못한다. 피가 잘 안 돌면 뇌의 표면부터 마르기 시작한다. 결국 돌조각처럼 바짝 말라 뇌가 조금씩 떨어져 나간다. 이에 따른 증상으로 알츠하이머나 파킨슨병이 유발된다. 무하마드 알리가 대표적인 펀치 드렁크 환자다. 매부도 젊음을 담보로 걸었던 승부에서 패배자가 되었다.

젊은 시절 이안사노는 거대한 사나이였다. 깡패 두셋은 한주먹 거리도 안 되었다. 그날 번 돈을 카운터에 보관하지 않고 자기 배에 차고 다니다가 돈독이 올라 피부과에 다니기도 했다. 환갑에 가까운 나이에도 기운이 넘쳤다. 백화점 개장을 앞두고 서울 시내의 호텔 커피숍에서 만났을 때 자기는 여전히 챔피언이 되는 꿈을 꾼다고 말했다. 내가 그 나이에 무슨 챔피언이냐고 비웃자, "형님,

복싱 챔피언이 아니라 이젠 사업 챔피언이 될 겁니다"라며 호언장 담했다. 기력이 넘치는 모습이 부럽기도 하고 시샘이 나기도 했 다. 맨주먹으로 세상과 맞부딪쳐 쓰러져본 자들 특유의 겁 없음이 랄까, 자연스레 묻어나는 여유가 너무나 갖고 싶었다.

그랬던 남자가 1년 만에 낚시 모자를 푹 뒤집어쓰고 사채업자들 의 눈초리를 피해 여관방을 전전하는 신세가 되었다. 누가 알아볼 까봐 겁이 나서 낮에는 돌아다니지도 못했다. 정신이 무너지자 육 체는 기다렸다는 듯이 그간의 고생을 하소연하기 시작했다. 헛것 을 보고, 침을 흘리고, 귀가 안 들리고, 급기야는 사람을 못 알아 보는 때가 늘어났다. 복싱 챔피언이 사업 챔피언으로 등극하는 문 턱에서 좌절하고 만 것이다.

챔피언은 아무나 되는 것이 아니다. 뼈를 깎는 노력 없이는 챔 피언이 될 수 없다. 주변에서 될 거라고 한마디 툭 던진 말에 도취 되어 날뛰었다간 추락에 추락을 거듭하게 된다. 인생은 평생을 걸 고 벌이는 시합이다. 인생이라는 시합에 은퇴는 없다. 방어전과 도전이 있을 뿐이다. 운 좋게 이른 나이에 챔피언에 오른 자는 죽 을 때까지 방어전을 반복해야 하고, 나처럼 늙어서까지 챔피언 벨 트를 허리춤에 둘러 보고 죽어야겠다는 꿈을 포기하지 못하고 살 아가는 수도 있다.

많은 사람들이 전자를 꿈꾸며 살아간다. 그런데 내가 살아보니 후자가 더 좋다. 챔피언이 되어 의무적으로 방어전에 나서는 것은 지루하다. 마음이 약해진다. 어느 순간 귀찮아지고, 자신감이 자만으로 바뀌게 되어 있다. 무엇보다도 한 번의 패배가 모든 것을 앗아간다. 줬다 뺏는 것처럼 더럽고 치사한 일은 없다. 견디기 힘든 상실이다.

그러나 나처럼 여든이 넘어서도 갖지 못한 것을 소망하며 세상의 챔프들에게 도전하는 인간은 열망이 식지 않는다. 삶에 만족이 없다. 만족이 없다고 해서 부족하다는 뜻은 결코 아니다. 만족하지 못하기에 안주하지 않는다. 지금보다 나은 삶이 있다고 믿는다. 내일은 오늘보다 하루 더 늙을 뿐이고, 죽음과 한발 더 가까워지는 것으로는 생각하지 않는다. 나는 어제보다 나은 인간이 되었고, 내일은 더 나은 인간이 될 수 있다고 믿는다. 그것이 도전자의 마음가짐이다. 어쩌면 내가 찾는 챔피언 벨트가 죽음이라는 영원한 안식인지도 모르겠다. 그 죽음이 달콤하게 느껴질 때까지 내 인생의 로드워크는 끝나지 않는다.

맨체스터의 영원한 감독

"떠나갈 때를 아는 자의 뒷모습은 아름답다지만, 떠나가지 않고 독하게
매달리는 자에게는 기회가 한 번 더 온다."

박지성이라는 불세출의 스타 덕분에 우리에게 친숙한 팀이 된
맨체스터 유나이티드의 감독은 알렉스 퍼거슨이다. 맨체스터라는
세계적인 축구팀보다도 더 유명한 감독이다. 올해 만 일흔두 살.
한국 나이로 일흔셋의 현역 최장수 감독이다.

박지성 때문에 가끔 경기를 보면 퍼거슨 감독은 경기 시작 전부
터 껌을 씹으며 들어와서 경기 끝날 때까지 껌을 씹는다. 상대 팀
에게 한 골 먹으면 껌 하나를 더 꺼내서 씹는다. 껌을 어찌나 잘
씹어대는지 축구 경기보다도 영국 노인네 껌 씹는 장면이 훨씬 흥
미진진하고 재미있다.

맨체스터 유나이티드는 세계에서 제일 큰 축구팀이다. 우리나
라 프로 축구팀을 몽땅 합쳐본들 그 팀에겐 어림도 없다. 그처럼

대단한 팀의 수장이 일흔두 살 영감탱이다. 처음 맨체스터에 왔을 때가 1986년이다. 길어봤댔자 한 팀에서 2~3년이 고작인 감독 세계에서 맨체스터 유나이티드 같은 세계 최고의 팀 감독으로 30년 가까이 잘리지 않고 붙어 있었다는 것은 대단한 업적이다.

그럴 수밖에 없는 것이 퍼거슨이 맨체스터에 보따리를 푼 80년대 중반만 해도 맨체스터는 별 볼일 없는 팀이었다. 몇 십 년 전에 잠깐 잘나갔던 기억이 남아 있는 영세한 중소기업이었다. 잘나갈 때 정신 못 차리고 흥청거리다가 경쟁 업체에 발목이 잡혀 근근이 납품으로 먹고사는 쇠락한 기업 같은 팀이었다. 이런 기업을 오늘날 세계 최고의 명문 클럽으로 발돋움시킨 주역이 바로 퍼거슨 감독이다. 올해로 정확히 27년간 감독 생활을 하면서 수많은 우승컵을 팀에게 선물했다. 공식 경기만 1천 번이 넘는 시합을 치르면서 패배는 고작 180여 차례에 불과하다. 720번의 게임에서 지지 않은 것이다. 맨체스터 유나이티드가 퍼거슨이고 퍼거슨이 곧 맨체스터 유나이티드라는 등식이 성립된 것은 당연지사다.

이처럼 세계에서 제일 잘 나가는 감독에게도 위기가 찾아왔다. 피해 갈 수 없는 숙명처럼 나이가 들고 은퇴할 시점이 다가온 것이다. 무엇보다도 몸이 말썽을 부리기 시작했다. 평생토록 승부의 세계에서 심장이 쪼그라들 정도로 긴장했던 탓인지 예순넷에 '느린맥'이라는 심장 이상이 발견되었다. 느린맥이란 보통 서맥이라고 하는데, 심장박동 수가 1분에 60회 밑으로 떨어져 몸의 신경들이 마비되는 증상이다. 방치했다간 동맥경화, 뇌막염, 뇌종양, 고

혈압으로 죽게 된다.

 개성이 넘치고 혈기왕성한 슈퍼스타들을 하나의 팀으로 이끄느라 퍼거슨 감독은 감독 생활 40년 동안 '헤어드라이어'라는 별명을 얻었다. 실수한 선수, 마음에 들지 않는 선수, 열심히 하지 않는 선수의 면전에 달라붙어 온갖 쌍욕을 퍼붓다 보면 퍼거슨 감독이 입으로 뱉어내는 날숨에 땀에 젖은 선수의 머리카락이 마른다고 해서 붙여진 별명이다. 그 유명한 베컴은 퍼거슨 감독의 헤어드라이어에 진저리를 냈다가 축구화에 이마를 얻어맞아 열한 바늘이나 꿰맸다.

 그러나 불같은 성격의 이면에서 그의 심장이 조금씩 죽어가고 있었던 것이다. 사람은 심장이 뛰지 않으면 죽는다. 죽어 버리면 축구고 뭐고 없다. 퍼거슨 감독은 결단을 내렸다. 1년 후에 은퇴하겠다고 공식으로 선언했다. 주치의는 당장 그만둬야 한다고 권했으나, 퍼거슨은 이미 시즌에 돌입했으니 시즌 끝날 때까지는 감독석에 앉아야겠다고 고집을 부렸다. 하는 수 없이 주치의는 퍼거슨 감독의 가슴에 인공 심장박동기를 이식했다. 인공 심장박동기란 주기적으로 심장에 전기를 흘려보내 강제로 뛰게 만드는 일종의 '심장 런닝머신'이다.

 늘 우승 아니면 못해야 준우승이었던 팀 성적이 퍼거슨 재임 기간 도중 처음으로 3위까지 떨어졌다. 남들은 3위만 해도 소원이 없겠다고 하겠지만, 퍼거슨에겐 치욕 중의 치욕이었다. 심장이 지쳐서 그만 뛰겠다고 투정을 부릴 때까지 열정과 희생을 바친 팀이 무너지고 있는데, 그래도 3위씩이나 했다고 좋아할 사람이 아니었다. 이제는 젊고 싱싱한 감독에게 내가 키운 팀을 물려줘야겠다면서 퇴직연금 신청하는 방법 좀 가르쳐 달라고 인터뷰하는 등 퍼거슨 감독의 은퇴는 기정사실이 되었다.

그러던 어느 날 맨체스터 유나이티드는 포르투갈로 전지훈련을 떠난다. 그곳에서 스포르팅 리스본이라는 팀과 친선경기를 가졌다. 아무도 관심이 없는 컨디션 조절을 위한 친선경기였다. 이 경기에 스포르팅 리스본은 열여덟 살의 어린 유망주를 선발·출전시켰다. 그가 바로 크리스티아누 호날두였다. 호날두의 몸놀림에 충격을 받은 퍼거슨은 2003년 1천240만 파운드, 당시 우리나라 돈으로 약 225억 원을 주고 호날두를 영입한다. 10대 선수 이적료로는 역대 가장 비싼 몸값이었다. 전 세계 언론이 황혼의 노감독을 비난했다. 은퇴 기자회견까지 한 마당에 가뜩이나 부채가 적지 않은 팀에 검증되지 않은 10대 선수를 영입하면서 천문학적인 금액을 쓸 수 있느냐는 것이었다.

하지만 퍼거슨은 의연했다. 세계 최고의 감독이 떠나갈 때를 알지 못하고 질기게도 자리에 연연하더니 막판에 벽에 똥칠하는 것 아니냐는 비아냥거림에도 발끈하지 않았다. 대신 계획을 수정해서 호날두와 함께 세계 정상에 다시 한 번 등극한 후에 은퇴하겠다고 정정했다. 몇 년이 걸리든 이 어린 선수를 세계 최고의 선수로 만들고, 동시에 맨체스터 유나이티드가 다시 한 번 세계 최정상에 오르는 기쁨을 맛본 뒤에 내 발로 걸어 내려가겠다고 선언한 것이다.

노욕(老慾)이라 할만하다. 그러나 세계는 승자와 패자로 나뉠 뿐이다. 승자가 몇 살이냐는 중요하지 않다. 늙은이가 물러나지도 않고 계속 자리를 차지하고 앉아 있는 게 눈꼴시다면 젊은 놈이 보란 듯이 실력으로 밀어내면 된다. 늙었다고 봐줄 필요 없이 실력으로 승부해서 처절하게 짓밟아 버리면 된다. 그 늙은이 또한 젊은 날에는 어느 노인네를 잔인하게 짓밟고 지금의 자리에 오른 것이니 인과응보라면 인과응보다.

반대의 경우도 마찬가지다. 아직 실력이 충분하다고 생각된다면 눈치 볼 것 없다. 노욕도 좋고, 과욕도 좋고, 해괴망측도 좋다. 버틸 때까지 버티는 것이다. 떠나갈 때를 아는 자의 뒷모습은 아름답다지만, 떠나갈 때 떠나가지 않고 독하게 매달리는 자에게는 기회가 한 번 더 온다. 한 번이 아니라 두 번, 세 번 찾아온다. 더군다나 떠나는 나의 아름다운 뒷모습은 나만 못 본다. 그따위 허세는 젊어서나 부려야지 나이가 들면 집착해야 한다. 작은 기회도 놓쳐서는 안 된다.

퍼거슨은 18세 소년에게서 기회를 봤다. 60이 넘은 노인네가 열여덟 살짜리에게 목숨을 구걸한 셈이다. 결과는 어땠는가? 축구를 모르는 사람도 퍼거슨과 호날두는 안다. 일흔의 나이에 그는 명치끝에 인공 심장박동기라는 건전지를 끼고 세계 최정상에 올랐다. 225억 주고 데려온 호날두를 1천600억 원에 되팔았다. 그리고 일흔 두 살의 나이에도 여전히 맨체스터 유나이티드의 감독으로 벤치에 앉아 연신 껌을 씹고 있다.

어느 날부턴가 퍼거슨 감독의 입에서 '은퇴'라는 말이 사라졌다. 얼마 전에 한 매체와 나눈 인터뷰를 보니 좀 더 젊었을 때 은퇴했더라면 여행도 다니고 새로운 것도 배우고 여유롭게 생활을 즐겼을 텐데 70이 넘어서는 집에 있어봐야 할 일이 없단다. 그러니 몸이 움직이는 한은 그냥 감독이나 해야겠다고 한다. 은퇴해서 할 일도 없고 하던 일이나 계속해야겠다는 것이다.

그는 노후를 그라운드에서 보내고 있다. 은퇴하고 소파에 앉아 맥주 한 캔을 따며 축구 경기를 관람하는 것이 아니라 직접 축구 경기를 지휘하고 있다. 시원한 맥주 대신 단물 빠진 풍선껌을 씹고 있지만 여전히 혈기왕성해서 심판에게 욕도 하고, 상대팀의 갓 스무 살을 넘긴 손주뻘에게 입에 담지도 못할 쌍욕을 바가지로 듣는다.

퍼거슨이라고 해서 왜 나이를 의식하지 않겠는가. 하루에도 열두 번씩 당장 때려치우고 집에 가서 눕고 싶은 생각이 간절할 것이다. 아무리 잘 나가는 감독이라도 주변에서 그만두라는 눈치가 쉴 새 없이 느껴질 것이다.

하지만 퍼거슨은 오직 자기 자신만 믿고 꿋꿋이 하고 싶은 일을 한다. 하고 싶은 일을 할 수 있는 자기 자신을 만들어나가는 데 소홀함이 없다. 자기가 오랫동안 감독직에 머물려면 좋은 선수를 데리고 있어야 한다는 것을 알기에 박지성 같은 축구 변방의 유망주한테까지 직접 전화를 걸어 불러들였던 것이다.

　즐거운 여생은 다른 데 있지 않다. 내가 가장 좋아하는 생산적인 일을 죽을 때까지 할 수 있다는 것. 그것이 최고로 즐거운 여생이다. 인간에게 행복한 퇴직이란 삶에서 물러나는 그날뿐이기 때문이다.

직함의 껍데기가 된 신사

"젊은 시절에는 누구든지 객기가 넘친다. 세상 겁날 것 없이 날고뛰던 시절이고, 확실히 그렇게 대접받을 만한 능력과 직책이 남자라는 이름 앞에 수놓아졌었다. 문제는 그 직함이 떨어지고 난 뒤다."

매주 금요일마다 시립 도서관에서 운영하는 이동도서관이 아파트 입구에 들어선다. 버스를 개조해서 좌석 대신 책장을 들여놓았다. 여기서 책도 빌려보고 빌린 책도 반납한다.

어느 날인가 책을 반납하러 버스에 오르는데 70대 초반의 신사가 아는 척을 하며 인사한다. 나를 여러 번 봤다면서 책을 좋아하느냐고 묻는다. 내 직업이 책을 쓰고 남의 책을 번역하는 것이라고 소개하자 반가워하면서 손을 붙든다. 아무래도 좀 더 얘기하고 싶어하는 눈치다.

먹물 좀 먹은 노인네들이 내 직업을 알게 되면 나를 붙잡고 이것저것 얘기하고 싶어한다. 내가 이 나이에도 일하는 게 신기하고 부러워서 나의 근황을 궁금해 하는 것이 아니다. 나도 너 못잖게 배운 사람이다, 너만큼 책도 읽었고 아는 것도 많은 유식하고 잘 났던 사람이다, 라는 것을 나에게 인지시키기 위해서다. 나는 그가 어떤 사람이었는지, 뭘 하던 사람인지 일말의 관심도 없지만, 그쪽에서는 나보다 한참 어린 주제에 집에서 놀고먹는다는 것이 괜한 자격지심으로 발전해서 묻지도 않은 자기 자랑을 늘어놓기 일쑤다.

쓴 책이 있으면 갖다 달라기에 아까움을 무릅쓰고 선물하면 나도 써놓은 원고가 있는데 출판사를 소개시켜 달라는 식이다. 신춘 문예나 잡지에 당선된 젊고 유망한 예비 작가들도 지면이 없어서 책을 못 내는 판국에 하릴없이 동네나 기웃거리며 소일하는 망구 탱이의 다사다난했던 신세 한탄을 돈 들여서 서점에 깔아줄 출판 사는 없다. 그래서 내가 아는 어떤 퇴직자는 나한테 아무리 부탁해도 씨알이 안 먹히자 자비출판에 뛰어들었다. 자기 얘기를 책으로 써서 자기 돈으로 책을 만들어 아는 사람들에게 나눠주고는 출판 사에서 내 책을 내주었다, 나도 작가다, 라고 거들먹거리고 있다.

이 양반도 그런 부류는 아닐까 덜컥 의심부터 들었다. 가까운 커피숍에 들어가서 차 한 잔을 마시며 이야기를 시작했다. 공과대 학을 졸업하고 대기업에 입사해 40년 가까이 동남아시아, 중남미 에서 상사맨으로 일했다는 자기소개와 더불어 외국에서 겪은 무 용담과 성공 스토리가 두 시간 넘게 쏟아진다. 마침 그날은 오랫 동안 골치를 썩였던 원고를 끝내고 출판사에 이메일로 전문을 보 낸 터라 시간이 남아돌았다. 돈 아까워서 지나치기만 했던 동네에 하나뿐인 전문 커피숍이기도 해서 목구멍을 호강시키는 값이라 여기고 묵묵히 들어줬다.

대략적인 자기소개가 끝나고 찬란했던 젊은 시절과 비교되는 현재의 암담한 모습이 형형색색 묘사되는 제2장으로 전개가 넘어갔다. 나는 여자를 좋아하지만 여자에 대해서는 잘 모른다. 남자는 싫어하지만 남자에 대해서는 조금 안다. 남자라는 동물의 머릿속에는 자기밖에 없다. 남아 선호 사상 때문이라는 어느 페미니스트 편집자의 충고를 기억하고 있다.

남자라는 동물의 머릿속에 오직 '자기'뿐이라는 것을 내가 알게 된 것은 나이가 들어서다. 젊은 시절에는 누구든지 객기가 넘친다. 나도 객기가 넘쳤다. 세상 겁날 것 없이 날고뛰던 시절이고, 확실히 그렇게 대접 받을 만한 능력과 직책이 남자라는 이름 앞에 수놓아졌었다. 문제는 그 직함이 떨어지고 난 뒤다.

이 양반은 당뇨병을 앓고 있었다. 제2장은 신세 한탄이었다. 아들 셋이 서울에 사는데 원주로 이사 오고부터는 자주 안 내려온다, 큰 손녀가 눈에 밟힌다, 당뇨가 있어서 약을 지으러 일주일에 두 번은 서울까지 가야 한다, 그게 너무 힘들다 등등.

가만히 듣고 있다가 원주에서 서울 가는 게 뭐가 힘드냐고 물어봤다. 무궁화 열차 타고 한 시간 정도만 책장을 뒤적거리다 보면 금방 청량리에 도착하는데 서울 가는 게 뭐가 힘드냐고 묻자, 기다렸다는 듯이 자기는 손수 차를 몰고 간다고 한다. 지금껏 대중교통은 거의 이용해 본 적이 없어서 이 나이 먹고는 못 타겠다고 한다. 어린애도 아니고 에스컬레이터 근처에서 몇 호선을 타야 하나 두리번거리는 짓은 불편해서 못하겠다는 것이다.

두 번째 질문으로 당뇨병이라면 원주에도 연세대 병원이 있다, 거기 가면 대학교수들이 진찰해 주는데 구태여 서울까지 갈 일이 뭐가 있느냐고 물었다. 그러자 안면에 화색이 돌면서 자기 조카사위가 서울 모 대학병원 내과 과장인데 안 가겠다고, 안 가겠다고 하는데도 오셔야 된다고, 오셔야 된다고 해서 어쩔 수 없이 가게 된다는 것이다. 아, 남자라는 동물은 당뇨병 하나 가지고도 대중교통을 이용하지 않는 부르주아임을, 내 딸 남편도 아닌 조카 남편이 대학병원 내과 과장이며, 그런 대단한 사람이 나를 걱정하고 챙겨 주며 처방전 쪽지를 써주고 있음을 자랑하게 되는구나, 하고 새삼스레 배우게 되었다.

마지막으로 자기 큰아들 욕을 내 앞에서 쏟아내는데 말끝마다 '박 이사가, 박 이사가' 하기에 박 이사가 누구냐고 물었다. 자기 큰아들이란다. 이 양반 성이 박씨였고, 큰아들이 유명 건설 회사 이사이므로 자기 아들을 부를 때 '박 이사, 박 이사'하고 부른 것이다. 얘기를 듣고 있자니 아들이 꽤나 바쁜 듯싶다. 바빠서 직접 못 내려오고 부모님이 필요로 할 것 같은 옷가지나 먹거리를 택배로 부쳐주고 있다는 것이다. 그러면 충분하지 않느냐고, 효자 아들 두셨다고 마음에도 없는 소리를 했다. 그제야 박모 씨는 큰아들 자랑, 둘째 아들 자랑, 셋째 아들 자랑을 마음 터놓고 늘어놓기 시작했다.

그러니까 내 입에서 자기 아들을 두둔하는 말, 그것이 다음 장에서 이어질 극한의 자식 자랑에 대한 나의 허락이므로 그 허락이 떨어지기를 노련하게 유인한 셈이다. 마치 나뭇가지에 앉아 가젤이 그늘 밑 풀을 뜯으러 오기만을 기다리는 세렝게티의 표범 같다. 박모 씨는 지금도 그날 내가 알면서도 속아줬다는 것은 모를 것이다. 혹은 상사맨 특유의 두꺼운 안면으로 억지로라도 나를 굴복시켰다고 흐뭇하게 생각하고 있는지도 모르겠다.

　자기 새끼 자랑하는 것은 좋다. 부모가 되어 가지고 지나치게 자기 새끼를 비하하는 것도 참 꼴불견이다. 사람들 중에는 그렇게 자식을 비하하면 남들이 자기를 엄청 겸손한 인격자로 인정해 주는 줄 착각하는 인간이 있다. 그런데 아니다. 아비어미가 오죽 못났으면 저럴까, 자기 뱃속으로 낳은 자식도 못 봐주는 사람이니 생판 남인 나한테는 국물도 없겠구나, 이것이 솔직한 감상이다.
　그렇다고 자기 식구를 부를 때 직함을 넣는 것은 비위가 상한다. 큰아들이면 큰아들이지 박 이사가 뭔가. 누가 봐도 사회적으로 신분이 높다고 여겨지는 이사라는 직책을 가볍게 입에 담음으로써 마치 나는 그런 류의 구조적인 신분 체계에 순응하지 않는 독립된 인간이다, 라는 뉘앙스를 풍기는 것처럼 들리지만, 속내는 너희들은 이사님이라고 부르는 자가 내 큰아들이다, 그래서 너희는 꼬박꼬박 이사님이라고 불러야 하고, 나는 '박 이사'라고 불러도 된다고 우쭐대고 싶은 심보다.

이와 비슷한 예로 엄마들이 자기 아이를 부를 때 이름 대신 '아들, 이리 와봐'라는 표현을 쓰는 일이 잦다. 나는 이것도 마음에 안 든다. 아들 낳았다고 유세를 떠는 것처럼 들린다. 특히 젊은 엄마들이 사람들 보는 데서 어린 자녀에게 '아들, 그러는 거 아니라고 했지'라고 하는 말을 듣게 되면 정신머리가 썩었구나, 하고 혀를 차고 싶어진다. 상대적으로 '딸, 그러는 거 아냐'라는 말은 별로 못 들었다. 유독 아들을 가진 엄마들이 멀쩡한 이름 놔두고 '아들, 아들' 노래를 한다. 그 아이는 자기 이름으로 사는 게 아니라 아들로서의 삶을 은연중에 강요받게 되는 것은 당연하다.

비약인지는 모르나 성별과 가정에서 후차적으로 부과된 신분이 개인이라는 인격체 앞에 놓인다는 것을 어렴풋이 깨달은 아이들은 커서도 직함에 얽매인다. 남들이 인정해 주는 직함을 얻으려고 자신의 능력과 소질을 무시하고, 자신의 행복이 아닌 타인의 평판과 부러움의 대상이 되기를 꿈꾸게 된다. 그때부터는 삶의 주체가 '타인'이다. 내가 남을 위해 살게 되는 것이다. 수십 년을 그렇게 살다가 나이 들어 은퇴하면 자기 이름 앞에 새겨져 있던 직함의 상실에 마치 세상 다 잃은 것처럼, 단지 직(職)에서 물러났을 뿐임에도 자기 자신이 사라지는 것처럼 착각하고 괴로워한다. 삶이 완성되어야 할 시기에, 인간으로서 가장 행복해야 될 정점의 시기에 추악한 본능만이 꿈틀대는 빈껍데기가 되는 것이다. 그 슬픔을 이겨내고자 아들을 박 이사라 부르고, 친구를 김 원장이라 부르고, 남편을 최 교장이라 부르고, 아내를 임 권사라고 부른다.

인간은 사회적 동물이다. 이 말뜻을 새삼 음미해 보자. '사회적'
인 동물이라는 뜻이지 '사회'라는 동물은 아니다. 동물로서의 인간
이 그리워지는 날이다. 거추장스런 사회적 넝마와 사회적 시선을
떨쳐내고 동물답게 타고난 발톱과 이빨을 드러내고 싶어지는 날
이다.

'호적 연령'에 집착하는 사회

"옛 친구들을 만날 때마다 듣는 소리가 있다. 자네 그 나이에 아직도 일해? 그러면 나는 소주 한 잔 입에 털고 대답한다. 이 나이에도 일할 수 있는 걸 어떡해?"

노인에게 병(病)은 몸의 아픔으로 그치지 않고 일생의 '마(魔)'가 된다. 그런 병마 중에서도 나이 들어 가장 무서운 것은 노망이다. 속된 말로 '벽에 똥칠한다'는 노망은 암이나 그 외의 기타 질환보다 잔인하고 저주스럽다. 기억력 감퇴라는 초기 증상에서 점차 확산되어 급기야는 살아온 기억이 뒤엉키고, 그로 인해 가족을 알아보지 못하고, 결국에는 자기가 누구인지도 모른다.

인격의 상실, 자아의 붕괴 같은 거창한 표현을 빌리지 않더라도 인간이 추락할 수 있는 최악의 단계인 자기부정의 모습은, 그를 추억해야 하는 주위 사람들에게 혼란과 슬픔을 전가시킨다는 점에서 자신과 타인에 대한 폭력의 일종이라고 생각한다.

일제강점기 때부터 개신교의 영수로 기독교를 이끌어온 목사님이 계셨다. 평생 섬김의 자세로 신자 된 도리가 무엇인지, 신을 믿는다는 행위가 무엇인지를 몸소 실천으로 보여주신 분이었다. 믿는 자는 그 분을 사랑했고, 믿지 않는 자들은 마음으로부터 존경했다. 요즘처럼 교회가 대형화, 정치화, 상업화의 길을 걷기 전이어서 시대의 격랑 가운데 그 목사님이 던지는 한 말씀, 한 말씀이 우리 사회의 등불처럼 작용하곤 했다.

양심을 속이지 않고 올곧게 목자의 길을 걸어서일까. 목사님은 100세 가까운 장수를 누리셨다. 은퇴 후에도 신도들 사이에 섞여 함께 기도하고, 예배를 드렸으며, 아픈 사람들과 갖지 못한 젊은 이들에게 기회를 주시려고 무던히도 애를 쓰셨다. 그러나 연로해지는 몸은 어쩔 수가 없었다. 남한산성 인근의 산수 좋은 터에 늙은 몸을 누이고 말년을 편히 쉬시기로 작정했는데, 이제 충분히 일했으니 그만 내 곁으로 소천(召天)하라는 주님의 음성은 들리지 않고 마음속 깊은 곳에서 젊은 날 그와 등을 졌던 수많은 사람들의 악한 목소리가 꾸역꾸역 되살아나기 시작했다.

일제 치하에서 독재 정권까지 그의 복음 사역을 훼방 놓는 적들은 무수히 많았을 것이다. 때로는 아내가, 자식이, 매일 새벽 함께 하늘을 올려다보며 이 땅의 죄악을 고하고 용서를 구했던 장로와 신도들마저도 목사님의 뜻에 동참하지 않고 사욕을 챙기기에 급급하거나, 인간을 정죄하겠다며 오만하게 굴었을지도 모른다. 목사님도 인간이기에 절망의 날에 응답조차 없던 신에 대한 원망도 기억의 자리를 차지하고 있었을지 모른다. 은퇴하고 경기도 광주의 따사로운 햇볕에 쇠약해진 몸뚱이를 말리던 게 고작이었던 목사님의 마음속에서, 혹은 머릿속에서 지나간 회한과 미련과 증오가 어지럽게 뒤섞이고 있었지만, 목사님은 더 이상 예전처럼 기도하려고 하지 않았다. 자기 몫은 여기까지라며 하루 빨리 마음의 열병에서 벗어나기를, 무거운 육신의 가죽을 벗고 가벼워지기를 소원했을지도 모른다.

하지만 생명을 주관하는 신께서는 그가 살아온 노고에 보답이라도 하듯 장수의 축복을 허락하셨고, 마침내 어느 날 아침 목사님의 입에서 육두문자가 튀어나오고야 말았다. 굴욕적인 신사참배를 수락할 수밖에 없게 만든 불쌍한 신도들을, 전 재산을 헌납해 성전을 건축하고, 어린 목회자를 가르치고, 목사님과 함께 수라와도 같은 길을 묵묵히 걸어온 장로들을 떠올리며 평생 단 한 번도 남 앞에서 해본 적이 없는 온갖 쌍욕으로 저주하고 또 저주했던 것이다. 목사님의 갑작스런 병세에 놀라 찾아온 사람들에게도 갖은 욕을 퍼부었다. 바야흐로 벽에 똥칠하는 지경에 이른 것이다. 그리고 죽기 몇 달 전에는 목사님 입에서 그가 생명의 전부로 여겼던 신마저 저주하는 사태가 벌어지고야 말았다.

변화된 그 분의 말로를 지켜봤던 많은 사람들이 감히 입 밖으로 꺼내지는 않았지만 다들 속으로 한 가지 의문에 사로잡혔다. 노망이 났다고는 하지만, 어쨌든 살아서 자기 입으로 신을 저주한 사람이 과연 죽어서 천국에 오를 수 있을까.

업(業)에 지쳐 몸이 노쇠할 때쯤 우리 몸은 오랜 기간 지속되어

온 노화의 끝에 다다른다. 그리고 정신을 놓고 노망에 이른다. 모두가 그런 것은 아니다. 110세에도 120cc 오토바이를 끌고 좋아하는 족발을 사러 5일장에 나가는 노인을 '여섯 시 내 고향'이라는 프로그램에서 보고 나는 저 나이에 차를 끌고 나가서 고속도로를 질주하겠다며 배가 아팠던 기억이 있다.

그러나 우리 앞에는 노망이라는 이정표가 분명한 글씨로 놓여 있다. 호적에 새겨지는 햇수가 길어질수록 내 몸의 기능은 쇠락과 추락과 폭락을 거듭한다. 장수를 꿈꾸면서도 무조건 장수를 환영할 수 없는 까닭이다. 젊어서도 저질렀던 사소한 실수인데 나이든 자가 저지르면 노망의 시작인 듯 눈치를 봐야 하고, 가족들은 걱정스레 쳐다본다. 인간의 늙음 끝에는 노망이라는 무시무시한 형벌이 기다리고 있다는 암묵적인 동의 때문이다. 팔구십 년이라는 긴 세월에 걸쳐 하루하루 소중하게 쌓아올린 인생의 탑이 그 누구의 짓도 아닌 내 손으로 무너뜨릴 수 있음이 두려워지기 때문이다.

존경했던 목사님의 일생을, 그 말로를 포함해서 먼발치에서나마 지켜본 결과 차라리 남한산성이 보이는 양지바른 터에 몸을 누이지 않았더라면 어땠을까 생각해 본다. 그가 소천의 부르심을 기다리지 않고 스스로 소천의 길을 떠났으면 어땠을지 두고두고 아쉬웠다. 여든의 나이에 집을 버리고 노예로 붙들린 종족의 해방을 위해 길을 떠난 모세를 설교했던 자기 입술을 부끄럽게 만들지 말았어야 했다. 몸이 움직여질 때까지, 목구멍에서 소리가 나올 때까지, 머리가 신의 가르침을 한 구절이라도 떠올려 낼 수 있을 때까지 구도의 길에 오롯이 발 딛고 서서 걸음을 멈추지 않았더라면, 비록 그러한 동안에도 몸은 점점 더 늙고 쇠약해져 비참해질지언정 인간으로서의 자격과 가치는 허망해지지 않았을 것이라고 확신한다.

허나 사람인지라 마음은 원(願)이로되 육신이 나약하다. 호적 연령이라는 외면적 굴레에 인생을 굴복시킨다. 정년에 회사 밖으로 나가라는 것은 젊은이들도 일 좀 하게 양보해 달라는 것으로 알고 제2의 삶을 개척해 나가야 될 터인데, 마치 사형선고라도 받은 듯이 사회에서 쫓겨난 몸이니 나도 쓸모없는 노인네가 되었다, 편히 살다 죽어야겠다는 자포자기의 심정이 되곤 한다. 어제까지만 해도 강하고 성실했던 사람이 퇴직 권고에 풀이 죽어 하루아침에 수십 년은 더 늙어 보이는 몰골로 한숨만 푹푹 내쉬며 이불을 쓰고 누워 있다.

연배에 집착하는 문화에 갇혀 평생을 살아서인지 우리는 지나치게 연령별 기능에 좌우된다. 네 살에 한글을 배우고, 스무 살에는 군대에 가고, 서른이 되기 전에 직장을 구하고, 늦어도 30대 중반에는 장가를 가야 한다고 헌법에 나와 있지도 않은 관습과 규례에 자기 인생을 철저히 묶어놓고 생의 길에서 끌려다니기를 마다하지 않는다. 그 습관이 인생의 황혼 무렵까지 우리의 정신과 생활을 지배한다. 숫자에 길들여진 삶이다. 그래서 '장밋빛 벽돌로 지은 예쁜 집을 봤어요. 창가에 제라늄이 피었고 지붕에는 비둘기가 살아요'라는 설명을 알아듣지 못한다. '강남에서 10억짜리 아파트를 봤어요'라고 말해야 '아, 멋진 집이군'하고 알아듣는다.

이 같은 구조가 우리 자신에게도 똑같이 적용된다. 조수미를 좋아하고, 매일 한 시간씩 산책하며, 소주 두 병은 거뜬하고, 새벽 다섯 시에 일어나서 고속도로를 시속 130킬로미터로 질주하다가 과속 카메라에 찍히고, 요즘은 추리소설 번역하는 재미에 푹 빠졌지만, 그래도 쇼펜하우어가 제일 좋다고 자기소개를 했다가는 사람들이 못 알아듣는다. 내가 여든 셋임을 알려야 정정하십니다, 그 나이로는 안 보이세요, 라는 대답이 돌아온다.

인생은 호적 연령으로 사는 것이 아니다. 내가 가진 기능 연령으로 사는 것이다. 어떤 이는 50대에 뇌경색으로 쓰러진다. 어떤 이는 구순에도 시골에서 소 키우고 밭을 간다. 나처럼 여든 셋에도 번역하고 책을 쓰는 사람도 있다. 번역 속도로 따지면 누구에게도 지지 않을 자신이 있다. 하루에 원고지로 80장 분량을 번역한다. 1천 매짜리 장편소설을 번역하는 데 보름이 안 걸린다는 계산이다. 출판사에서 왜 이렇게 빠르냐고 물어볼 정도다.

나와 일했던 편집자들이 가장 잘 알 것이다. 내 원고에는 '오자(誤字)'가 거의 없다. 오자와 띄어쓰기 같은 맞춤법은 국문과나 문예창작과를 갓 졸업한 소위 싱싱하다는 머리통들에게 절대로 지지 않는다. 꼬랑지 흔들며 정치판이나 기웃거리는 대학교수는 뒷발로 후려 차고 지금 당장 나한테 달려와서 머리 조아리고 배워야 제대로 된 우리말을 쓸 수 있게 될 것이다. 나는 60년 전에 양주동 선생 밑에서 글을 배운 사람이다. 양주동 선생은 우리나라 국보급으로 불린 국문학계의 거두로 그분을 따라갈 만한 학자가 지금도 나오지 않고 있다. 그런 분에게 글을 배운 제자 중에 현재까지 글줄을 잡고 아등대는 건 나 하나다. 다들 죽었거나 예전에 펜을 놓았다.

옛 친구들을 만날 때마다 듣는 소리가 있다. 자네 그 나이에 아직도 일해? 그러면 나는 소주 한 잔 입에 털고 대답한다.

"이 나이에도 일할 수 있는 걸 어떡해?"

내 친구들은 신문 보기도 버겁다고 한다. 기사 나부랭이를 몇 줄만 읽어도 눈이 아프고 머리가 뱅뱅 돈다고 한다. 소주도 잘 못 먹는다. 1930년대에 태어났으니 그럴 만도 하다. 하지만 다 그렇다고 해서 나까지 그렇게 살라는 법은 없다. 내 몸과 머리와 가슴은 나의 호적에 기록된 출생 년도를 무시하고 여전히 뜨겁다. 앞으로 10년은 더 뜨겁게 일하며 살아야 한다고 나를 다그친다. 나는 그 목소리를 따라갈 뿐이다. 누구의 목소리도 아닌, 내 안의 목소리에 귀를 기울이며 살아갈 뿐이다.

정신을 위한 따뜻한 밥 한 끼

"정신의 의식주는 인간으로서의 자존감이다. '내가 나로서 살아 있다'라
는 감정이다. 이 감정은 돈으로도, 명예로도, 지식으로도, 건강으로도,
종교로도 살 수 없다."

해리 리버먼(Harry Lieberman)은 1880년 폴란드 수도인 바르샤바 인
근의 작은 동네에서 태어났다. 그가 태어난 마을은 인구가 오백 명
도 되지 않는 작은 마을이었고, 그의 부모님은 유대인이었다. 랍비
였던 삼촌의 뒤를 이어 율법 학자가 되려고 했지만 폴란드에서는
먹고살기가 만만치 않았다. 고민 끝에 리버먼은 1906년 도미(渡美)
를 결심한다. 그의 손에는 달랑 6달러밖에 들려 있지 않았다.

낯선 미국 땅에 도착한 리버먼은 의류 공장과 할렘가의 유대인
지역에서 현금 출납원으로 일하면서 열심히 돈을 모았다. 400달
러를 모은 리버먼은 폴란드에 남겨둔 아내를 미국으로 불렀다. 그
리고 조그만 사탕 가게를 차렸다. 리버먼의 사탕 가게는 장사가
아주 잘 됐다. 11년 만에 돈 걱정하지 않고 살 수 있을 만큼 재산

을 모았다. 일흔 살까지 사업 일선에서 활약한 리버먼은 은퇴 후 '골든 에이지 클럽(Golden Age Club)'으로 불리는 노인 사교 모임에 참석하며 체스로 소일하는 나날을 보냈다.

그러던 어느 날 아침, 체스를 두기로 약속한 친구가 오지 않았다. 상대가 없으니 그날은 어쩔 수 없이 혼자 빈둥거리는 수밖에 없었다. 아쉬움에 클럽을 떠나지 못하고 상대 없는 체스판만 하염없이 바라보던 리버먼에게 클럽에서 자원봉사 활동을 하는 청년이 다가와 한 가지 제안을 했다. 오늘 하루 특별한 스케줄이 없다면 클럽의 미술 교육 프로그램에 참여해 보는 게 어떻겠느냐는 것이었다. 일흔 살이 넘도록 붓 한 번 잡아보지 못한 리버먼은 사양했다. 일흔이 넘은 나이에 뭔가를 새로 배운다는 것에 거부감이 느껴졌다. 시작도 하기 전에 마음이 지쳐버리는 기분이었다.

하지만 청년은 끈질기게 리버먼을 설득했다.

"연세가 아니라 할아버지 마음이 문제 같군요."

청년의 말을 듣고 리버먼은 은근히 약이 오르고, 또 틀린 말도 아니다 싶어 미술 교육 프로그램이 진행 중인 교실로 향했다. 그날 리버먼은 77년 인생에서 처음으로 붓을 잡고 하얀 도화지에 뭔가를 그렸다. 어린 시절부터 공부했고 꿈꿔 왔지만 먹고사는 데 지쳐 포기해야 했던 유대교 랍비의 꿈을 추억하며 탈무드에서 가장 좋아하는 이야기를 그려 보았다.

의외로 그림 그리기는 어렵지 않았다. 본격적으로 그림 공부를 시작해 데생부터 스케치해 나갈 것도 아니므로 그의 마음속에 내

재하고 있는 유대교의 여러 가르침과 종교적 감흥을 폴란드에서의 소년 시절로 돌아가 원색으로 채색하면 그만이었다. 노인 클럽에서 10주간 그림을 배운 리버먼은 함께 그림을 공부한 다른 노인들과 첫 번째 전시회를 가졌는데, 그의 그림은 민속 미술계의 주목을 받으며 사람들 입에 오르내리기 시작했다.

맨손으로 자수성가해 큰 부를 누리던 77세 노인은 그렇게 미국 화단에 데뷔하며 새로운 삶과 조우하게 되었다. 이후 리버먼은 스물두 번의 전시회를 더 개최했고, 백한 살에 생애 마지막 전시회를 열었다. 백세 살에 세상을 떠난 리버먼의 그림은 사후 시애틀 미술관, 옥스퍼드 미술관, 마이애미 대학 미술관 및 워싱턴의 허시혼 박물관과 조각 공원 등에 전시되었다. 아흔일곱 번째 생일에 리버먼은 이렇게 말했다.

"짧지 않은 인생을 살면서 나는 많은 일을 해 왔습니다. 그 중에서도 가장 중요한 건 그림이었습니다. 인생이란 게 얼마나 더 좋아질지는 모르겠습니다. 어쩌면 내 인생에서 더 좋은 일이 일어날 수도 있었을 겁니다. 하지만 지금은 뭔가를 그릴 수 있음에 만족합니다. 나는 죽어도 내가 그린 그림들이 남으니까요. 내가 보고 싶어진 사람들은 내 그림을 볼 것입니다. 나를 모르는 사람들도 내 그림을 보고 나를 알게 될 것입니다. 내 그림이 나의 생명이 되는 것이지요."

의식주(衣食住)는 인간 생활의 기본이 되는 세 가지라고 한다. 입고, 먹고, 집에서 자야 한다. 이 세 가지 중에 한 가지라도 채워지지 않는다면 삶의 바탕이 무너졌다고 봐도 무방하다. 그런데 다들 느끼고 있겠지만, 입고 먹고 자는 것만으로는 인생이 채워지지 않는다. 입고 먹고 자는 것을 해결하기 위해 노력하며 살아가지만, 그것으로는 만족이 안 된다고 할까. '인간다움'의 전부는 아니라는 생각이 든다.

1983년 빈곤 관련 책을 쓰기 위해 얼 쇼리스는 뉴욕 교도소를 찾았다. 그곳에서 쇼리스는 살인죄로 8년째 복역 중인 흑인 여 죄수를 소개받았다. 그녀에게 왜 이런 곳에 갇히게 되었느냐고 묻자, 여자는 "가난해서"라고 대답했다. "왜 가난한가?"라고 다시 묻자 여자는 이렇게 말했다.

"우리에겐 정신적인 삶이 없었으니까요."

"정신적인 삶이란 뭐지?"

얼 쇼리스는 뜻밖의 대답에 흥미를 느꼈다.

"극장, 연주회, 연극, 미술관, 강연, 철학 같은 거죠."

살인을 저지른 여 죄수의 입에서 그녀의 삶이 인간의 기본에서 벗어나 나락으로 떨어진 이유가 정부의 복지 정책도, 이탈자에게 은혜를 베풀지 않는 교육체계도 아닌 '사유적 빈곤' 때문이라는 말을 듣고 얼 쇼리스는 가난한 사람들에겐 물질적 의식주 외에도 정신적 의식주가 필요하다는 사실을 깨달았다. 그들 스스로 정신적 의식주를 간절히 원하고 있음을 알게 된 것이다.

10여 년간의 준비와 노력 끝에 얼 쇼리스는 여 죄수의 고백처럼

'정신적 의식주'의 보급에 나선다. 마약중독자, 매춘부, 노숙자 서른한 명을 끌어모아 인문학을 가르치는 '클레멘트 코스'를 연 것이다. 뉴욕에서 처음 시도된 클레멘트 코스 참가자들은 플라톤과 아리스토텔레스, 소포클레스의 희곡 〈안티고네〉를 배웠다. 그들의 지적 수준은 영어를 간신히 읽는 수준이었다.

그러나 결과는 놀라웠다. 〈안티고네〉를 읽은 참가자들은 전통적 관습과 국가의 형법 사이에서 갈등하는 오이디푸스와 그녀의 친어머니 안티고네가 겪어야 했던 온갖 절망과 슬픔을 가르치는 교수보다 더 생동감 있게 받아들였다. 그들의 삶 자체가 가족을 위해 범죄를 저지른 대가로 감옥에 가야 했기 때문이다. 일 년짜리 코스가 끝났을 때 31명 중 17명이 수료증을 받았다. 그중 열네 명은 대학에 진학했고, 두 명은 치과 의사가 되었으며, 십이 년간 마약중독에 빠져 생사의 기로에서 방황했던 어느 여성 수료생은 훗날 약물중독 재활 센터의 상담 실장이 되었다. 그녀는 '클레멘트 코스'에서 만난 반 고흐와 소크라테스가 마약의 유혹으로부터 자신을 지켜줬고, 하룻밤 매춘으로 벌 수 있는 30달러보다 더 큰 행복이 있다는 것을 가르쳐 줬다고 고백했다. 그 후로도 지속된 클레멘트 코스를 통해 철학 박사, 간호사, 패션 디자이너, 영문과 교수 등이 배출되었다.

우리 몸이 옷과 음식과 집을 필요로 하듯 우리의 정신과 영혼도 옷과 음식과 집을 필요로 한다. 정신의 의식주는 인간으로서의 자존감이다. 인간으로서의 자존감은 '내가 나로서 살아 있다'라는 감정이다. 이 감정은 돈으로도, 명예로도, 지식으로도, 건강으로도, 종교로도 살 수 없다. 오직 나를 통해서만 느낄 수 있고, 말할 수 있다. 이 감정을 느끼지 못하는 사람은 죽음이 두렵다. 늙음이 겁난다. 고독이 뼈에 사무친다. 특히나 누구 아빠, 무슨 과장 등으로 오랫동안 직분의 삶을 반복해야 했던 현대인에게 자존감은 형체조차 잘 보이지 않는 멸종 위기 동물과 비슷하다. 생존이라는 지상 과제에 집착하느라 생존이 곧 나의 본성이 되어버렸다. 우리는 각자 너구리, 토끼, 사자, 독수리, 잉어처럼 타고난 본성이 다르고, 추구하는 삶의 길이 달라야 정상인데, 살기 위해, 또는 살다보니까 어느새 너도나도 비슷한 옷을 입고, 비슷한 밥을 먹고, 비슷한 집에서 살고 있다.

뭔가를 남기기 위해서가 아니다. 해리 리버먼처럼 화가가 되겠다는 것도 아니다. 그저 지금까지 잊었다는 핑계로 숨겨 왔던 진짜 '나'를 한 번이라도 만나고 싶을 뿐이다.

아침엔 홍안, 저녁엔 백골

"노인은 황야에 우뚝 솟은 외로운 입목이다. 쓸쓸함이 당연하다. 외롭다고 혼자 끙끙 앓아대며 세월만 헛되이 보내느니 황야의 입목이라는 긍지를 갖고 허식 없이 인생을 내던져 보는 것은 어떨까."

60세가 된 어느 노인이 중병에 걸렸다. 병원에서는 더 이상 가망이 없는 것으로 판단했고, 노인도 살날이 얼마 남지 않았음을 직감했다. 그런데 주치의는 마지막 선물로서 노인에게 "당신은 아직 죽을 때가 안 되었습니다. 최소한 30년은 더 사실 수 있습니다"라고 말해 주었다.

그러자 노인은 침대에서 벌떡 일어나 외쳤다.

"앞으로 30년이나 더 살 수 있다면 해야 될 일이 너무 많소. 어려서 공부를 못한 게 한이었는데 당장 공부를 시작해야겠군. 이참에 프랑스어도 배워야겠어."

그날 이후 노인은 건강을 되찾았고, 의사 말대로 30년 넘게 장수했다.

●

버나드 쇼의 희곡 〈메투셀라로 돌아가라〉의 한 대목이다. '메투셀라'는 성경에 나오는 인물 중에 가장 장수한 사람으로 969세를 살았다고 전해진다. 이 작품에서 버나드 쇼는 인간이 진정한 원숙에 도달하기 위해서는 최소 수백 년의 수명이 필요하고, 그것이 불가능하다면 전쟁과 가난과 불신이 없는 유토피아는 영원히 도래하지 못할 것이라고 역설했다.

생전의 버나드 쇼는 영국 의학 협회에서 가장 증오한 인물이었다. 의학을 극도로 불신한 쇼는 평생토록 병원 근처에도 가지 않았고, 병에 걸리면 죽는 게 당연하다는 주장을 펼쳤다. 그럼에도 불구하고 94세까지 장수했다. 죽기 전에도 연명 치료 같은 허튼 짓엔 관심도 보이지 않았다.

버나드 쇼는 "인간을 현명하게 만드는 것은 경험이 아니다. 기대다. 미래에 대한 기대다"라고 말했다. 나는 아침에 눈을 뜨면 제일 먼저 하는 말이 "나는 백열 살까지 살 거다!"라고 화장실 거울을 보며 외치는 것이다. 한두 번이 아니라 열 번, 스무 번씩 외친다. 버나드 쇼의 말대로 '기대' 때문이다. 백열 살에 비하면 여든셋의 나는 아직 코흘리개다. 스무 살, 서른 살, 마흔 살에 비하면 늙었지만 미래의 백열 살 먹은 나에 비하면 아직 충분히 젊은 것이다. 그 마음이 나를 젊게 만들고, 일할 수 있게 만드는 원동력이 된다.

인간은 천성이 나약하다. 특히 마흔을 넘어서면서 심리적으로 급격히 무너진다. 인생의 반을 살아오면서 앞으로 다가올 반을 바라보는 게 아니라, 벌써 반이나 지나간 인생을 붙잡으려고 아등거린다. 어느 순간 미래에 대한 기대를 잊고 과거에 대한 추억과 후회에 붙들리는 것이다.

희망은 의지가 되어주지는 않아도 우리 인생을 끝까지 운반해주는 역할에는 충실하다. '젊은이는 미래에 대한 희망에 살고 노인은 과거의 추억 속에 산다'는 말이 있는데, 60이 넘어서라도 미래에 대한 희망을 버리지 않는다면 여전히 청춘이다.

나이를 가리키는 숫자가 늘어나서 늙는 게 아니다. 희망을, 내일에 대한 이상을 버리기 때문에 늙는다. 프랑스 속담 중에 '자신을 벌레로 여기는 인간은 남들에게 짓밟힌다'라는 말이 있다. 세상으로부터 존중받고 싶다면 자신이 먼저 '나는 존중받아 마땅한 존재'라는 확신이 서야 한다. 그리고 자신에 대한 확신은 '일'에서 얻어지는 것만큼 크고 확고한 것이 없다.

나이를 먹으면서 잃게 되는 것들이 많다. 먼저 주변의 소중한 사람들과 사별하게 된다. 자식들은 독립하고, 정년이 되어 퇴직한다. 이른바 '상실 체험'이다. 사별, 자식의 독립, 퇴직은 아이덴티티의 상실이기도 하다. 그 충격이 결코 가볍지 않다. 우울증 등으로 발전할 가능성이 높다.

상실 체험 중에서도 남은 인생에 가장 큰 영향을 미치는 것은 퇴직이다. 퇴직이라는 경험은 간단히 말해서 직장을 나와 백수가 되는 것으로 끝나지 않는다. 인간관계, 생활환경, 의식구조 전반에 지대한 영향을 미친다. 특히 인간관계의 축을 무너뜨린다. 일종의 인간적 이상화 대상인 존경하는 선배 내지는 상사를 잃고, 나를 믿고 따라오던 부하를 잃음으로써 자존감이 상실된다. 서로의 속내를 숨김없이 주고받았던 수평적 관계의 동료도 잃는다. 인간관계의 위, 옆, 아래가 동시에 무너지는 것이다.

이런 비극을 방지하기 위해서는 한 가지 방법밖에는 없다. 죽을병에 걸리지 않은 이상 일하는 것이다. 극단적으로 말하면 죽을병에 걸렸더라도 몸이 움직이는 한, 쓸 수 있을 때까지는 몸뚱이를 써야 되는 것이다.

직장인들이 흔히 하는 말 중에 "지긋지긋한 회사를 벗어나 속 편하게 내 사업을 하고 싶다"는 것이 있는데, 어림없는 소리인 경우가 많다. 퇴직하고 자기 가게를 차리거나 새로운 분야에서 극적으로 성공하는 머릿수는 만 명에 하나 될까 말까다. 더구나 30년 넘게 회사를 자기 아이덴티티로 삼아온 정년퇴직자가 갑작스레 새로운 환경에서 경제적인 부담을 안고 사업을 시작한다는 것은 자칫 필망(必亡)의 지름길이 될 수도 있다.

나이가 들수록 감정이 쇠하고, 낯선 환경, 새로운 일을 찾아나서는 기력이 떨어진다. 기억력도 예전 같지 않아서 새로운 일을 익히고 적응하기가 어려워진다. 따라서 가능하다면 월급을 절반만 받더라도 다니던 회사에 재고용 형태로 취직하는 것이 가장 이상적이다. 현재 일본의 추세가 그와 같다. 일본은 모든 직종의 정년을 65세로 확대하는 법안을 통과시켰다. 재고용 형태의 재취업이 현실적으로 불가능하다면 지금까지의 경험과 지식을 살려 새로운 직장에 재취직하는 방법도 있다. 이 경우 돈도 돈이지만 생활에 대한, 자기 발전에 대한 의욕을 유지하는 것이 첫 번째 목적이다. 그럼으로써 감정의 노화를 차단할 수 있고, 그동안 유지해 온 나만의 아이덴티티를 사람들 사이에서 지켜 내는 것이 가능해진다. 또한 새 직장에서 술친구를 사귀거나, 그동안 만날 일이 없던 새로운 계층의 사람들과 관계를 맺게 될 수도 있다. 마음을 터놓을 수 있는 수평적 동지 관계가 확대되는 것이다.

나이가 들어서도 일한다는 것은 최고의 장수 비결이다. 노동은 수입을 얻는 수단인 동시에 삶의 보람을 찾는 수단이기도 하다. 요즘의 50대, 60대는 40대에 버금가는 튼튼한 몸과 정신력, 의욕을 가지고 있다. 얼마든지 일할 능력과 자격이 된다. 나이 들어 다니던 직장에서 물러나게 됐다고 해서 모든 게 끝인 줄 착각해서는 안 된다. 산이나 돌아다니고 방구석에 콕 박혀 텔레비전 리모컨이나 만지작거리기에는 너무 이르다.

안타깝게도 다시 정규직을 찾기에는 무리가 있을 것이다. 젊은 사람들도 얻지 못하는 정규직을 회사 생활 수십 년을 거친 중년 이후 세대가 또다시 욕심내며 넘보려는 건 하늘의 별 따기밖에 되지 않는다.

하지만 찾아보면 할 수 있는 일은 얼마든지 있다. 간단하게 몸으로 부딪쳐 하는 일은 널리고 널렸다. 이 나이에 몸 쓰는 일을 어떻게 하느냐고 생각할지 모르지만, 이 나이니까 몸 쓰는 일을 해도 된다. 돈 주고 운동도 배우는 판에 하루 여덟 시간씩 서서 돌아다니면 자연스레 체중 감소에, 유산소 운동에 시급 사천구백 원가량을 받아서 여덟 시간이니 하루 일당 4만 원은 될 테고, 한 달이면 돈 백만 원이 우습게 손에 쥐어진다. 부부가 같이 거실 소파를 사이에 두고 하루 종일 원수처럼 노려볼 게 아니라 여덟 시간씩 딴 곳에서 각자 일하고 돌아와서 그 나이에 고생했다고 서로의 피로를 위로해 줄 수 있다면 금슬 또한 좋아질 것이다. 두 내외가 그렇게 버는 돈이 한 달에 200만 원이 된다. 여기에 연금까지 더하면 굳이 애들 눈치 봐가며 중학생처럼 용돈 좀 달라고 아쉬운 소리할 필요가 없다.

2년 전에 비해 커피 전문점 직원 채용에 응모한 50대의 비율이 무려 열한 배나 늘었다고 한다. 베이커리 직원 채용에는 열두 배, 패밀리 레스토랑 채용에는 열한 배, 전화 상담 및 접수 안내 채용에 열 배, 대형 마트 매장 관리직 채용에 열네 배, 물류 창고 관리 채용에 여덟 배가 넘는 50대 지원자가 늘어났다는 것이다.

그러고 보니 요즘 웬만한 커피숍에서는 머리가 희끗한 초로의 중년 남성이 커피를 따라준다. 햄버거 가게에서 봉투를 싸주고, 극장에서 표도 주고 팝콘도 주고 자리 안내도 해준다. 그렇게 노후를 일하면서, 사회에 참여하면서 지내는 사람들이 많다. 이 나라의 미래는 노인의 것이다. 사람도 딸리는 마당에 늙어서까지 일하는 것도 애국이라면 애국이다. 중국인, 필리핀인, 베트남인을 공장에 취직시킬 게 아니라 사지 육신 멀쩡한 노인들이 가서 일해야 한다.

정신노동보다 더 숭고한 가치가 육체노동에 있다. 생산과 직결되기 때문이다. 나이가 들어서도 뭔가를 생산해 낼 수 있다는 자신감은 기본이요, 방구석에 틀어박혀 텔레비전 드라마나 보면서 요즘 젊은 것들은…, 하고 혓바닥 끝만 차댈 게 아니라 젊은 사람들과 부대끼며 그들에게 직접 살아 있는 노하우를 전수해 주는 희생이야말로 더욱 숭고한 가치로서 우리의 후반생을 수놓게 될 것이라고 믿는다.

노인은 황야에 우뚝 솟은 외로운 입목이다. 쓸쓸함이 당연하다. 외롭다고 혼자 끙끙 앓아대며 세월만 헛되이 보내느니 황야의 입목이라는 긍지를 갖고 허식 없이 인생을 내던져 보는 것은 어떨까. 남의 눈치, 자기 눈치 보지 않고 지금 내가 할 수 있는 일을 찾아 하루를 희망 속에 보내는 것이 어떨까.

젊은 날과 달리 낯선 일에 시달린 얼굴은 저녁마다 백골처럼 상접해 있겠지만, 다음날 아침에는 붉게 떠오르는 태양처럼 홍안(紅顔)의 씩씩한 표정이 되어 아름답게 빛날 것이다.

3부
머리 하얀 짐승들의 반란

억제를 미덕으로
착각하지 말자

"나는 항상 화가 나 있다. 세상 돌아가는 꼴이 마음에 안 든다. 그중에
서도 내가 제일 마음에 안 든다."

나는 미워하는 사람이 참 많다. 하나둘씩 언급해서는 밤이 새도
모자랄 만큼 미워하는 사람이 많다. 미워하는 사람이 너무 많아서
가끔은 힘들다. 특히 밥 먹을 때가 되면 얄미운 인간들이 생각나서
욕 한 사발을 퍼붓고 나면 밥이고 국이고 다 식어 있다. 맛이 있을
리 없다. 같이 식사하던 사람들은 벌써 숟가락을 놓았다. 왜 저러
느냐는 눈초리로 나를 쳐다보며 악다구니가 그치기를 기다린다.

그래서 살이 안 찌는 것 같다. 매년 받는 건강검진에서 체중 미
달이 단골이다. 남들은 콜레스테롤이 높다, 간 수치가 높다, 과체
중이다 해서 당장 내일이라도 동맥경화, 심부전증에 걸려 죽기라
도 할 것처럼 호들갑인데, 내가 받은 검진표에는 항상 콜레스테롤
부족, 체중 부족, 뭐가 부족. 위에서 아래까지 부족, 부족이다.

담배는 하루 서너 갑씩 반세기를 피웠고 술은 여든이 넘은 지금
도 아침에는 막걸리, 저녁에는 소주, 밤에는 직접 담근 매실주, 인
삼주로 입가심을 해도 간과 폐가 멀쩡하다고 한다. 내 나이를 보고
단박에 그러시냐고 고개를 주억거리는 의사를 여태껏 만나 본 적
이 없다. 몸뚱이를 이리 뜯어보고 피를 뽑고 해 봐도 신체 나이는
건강한 60대 수준이라는 것이다. 내가 앞으로 십 년 넘게 현역에서
책과 씨름하기로 작정한 까닭은 나의 망령된 욕심에서 비롯된 과
대망상이 아니다. 이와 같이 현대 의학의 적법한 기준에 의거하여
내 몸과 머리가 충분히 움직이겠구나, 확신이 섰기 때문이다.

나는 매사에 의심도 많고 워낙에 엄살이 심하다. 좀 더러운 얘
기를 꺼내야 할 것 같은데, 이틀만 화장실에 못 가도 당장 내과에
뛰어가서 의사를 몰아세운다. 지금 내 뱃속이 어떨 것 같냐며 예
언을 해보라고 들볶는다. 이틀 정도는 똥이 안 나와도 괜찮습니
다, 라고 대답했다간 각오해야 한다. 그 앞에서는 그러냐고 고맙
다고 의젓하게 물러나겠지만, 그 의사는 앞으로 우리 집 밥상머리
에서 가루가 될 때까지 씹혀야 하기 때문이다.

의사가 약을 처방해 주면 다음 코스는 약사다. 이 약이 똑바른
거냐, 먹어도 되는 거냐, 먹었는데 안 나오면 어쩔 거냐 닦달을 해
댄다. 약국도 한두 군데만 가보는 게 아니다. 동네 보건소까지 찾
아간다. 가벼운 변비에도 최소 서너 명의 내과 전문의와 일고여덟
명의 약사 말이 일치해야만 나는 믿는다. 남들이 보면 유난스럽다
고 비난할지 모르겠으나 그럴 만한 이유가 있다. 내 몸이고 내 인

생이기 때문이다. 아무리 전문가라고 해도 남이 내 몸을, 내 인생을 어찌 결정하고, 어떻게 그 내막을 알 수 있겠느냐는 말이다.

내가 제일 싫어하는 말이 한 우물을 파라는 속담이다. 우물을 왜 파는가? 물을 먹기 위해서다. 물을 왜 먹는가? 목이 말라서다. 즉, 목마른 놈이 우물을 파는 게 인생의 이치다. 그러니 우물을 파는 건 비난할 일이 못된다. 단지 왜 하나만 파느냐는 것이다. 시골에 집 짓고 관정으로 지하수를 뽑는 것이라면 상관없다. 관정 하나면 한 집이 먹고 쓸 물은 충분히 구할 수 있다.

하지만 우물을 인생으로 확장시킨다면 한 우물은 곤란하다. 한 우물만 알고 있으면 기어코 문제가 생긴다. 전문가는 결코 좋은 게 아니다. 전문가가 대접받는 세상이 되어서는 곤란하다. 인간은 전부를 알고 있어야 한다. 특히 자기와 관련된 일이라면 그것이 사회문제든, 정치문제든, 의학문제든 전문가에게 맡겨버리고 '지들이 알아서 해주겠지' '나는 이제 다 살았는데 뭐' '내가 쓸 것도 아닌데'라는 식으로 넋 놓고 있어서는 안 된다. 그게 지금의 내 몸, 아직 멀쩡히 살아 있는 내 몸과 관련된 일이라는 것을 절대로 잊어서는 안 된다.

나이가 들수록 세상에 너그러워져야 한다는 말은 싸가지 없는 젊은 것들이 만들어낸 비상식이다. 경험과 연륜, 지식이 축적된 고수들 등쌀에 비루한 자기 밑천이 드러날까 겁을 집어먹은 각 분야의 전문가들이 퍼뜨린 악의적인 율법이다. 나이가 들수록 떠들어야 한다. 한시도 입을 가만히 다물고 있어서는 안 된다. 으흠, 하고 헛기침이나 주워대니까 마누라가, 새끼가, 며느리가, 손주가 나 알기를 우습게 보는 것이다.

인내는 청춘의 별곡이다. 노땅은 참지 않아도 된다. 아니, 참아서는 안 된다. 억제하고 참고 견디는 것은 머리 꼭대기에 피도 안 마른 어린 자들이 성숙되기 위하여 통과하는 의례다. 노땅은 참을 만큼 참았고, 견딜 만큼 견디고, 버틸 만큼 버텼기에 도중에 죽지 않고 이 나이 먹도록 살아남았다. 이제는 참아온 것들을, 견뎌온 것들을, 억제해 온 것들을 터뜨릴 때가 되었다. 가슴 속에 품고 있는 독을 뱉어내도 되는 시기가 되었다. 그래서 살아본 날들이 얼마 안 되는 젊은이들에게 알려줘야 될 의무와 책임이 있다. 그들이 듣거나 말거나 쌓이고 쌓인 인생의 시간 속에서 우리가 경험한 모순과 부당한 순리에 딴죽을 걸며 덤벼들어야 하는 것이다. 늙은이의 분노는 권리가 아니다. 의무와 책임이다.

그 중에서도 가장 분노해야 될 상대는 '나'다. 참고 봐주며 넘어가서는 안 될 자기모순을 늙었다는 핑계와 약해빠진 몰골로 물에 물 탄 듯, 술에 술 탄 듯 웃어넘기고 참아넘기고 방관하게 된다. 그런 나를 증오해야 한다.

사람을 미워한다는 것은 그에게 미련이 남았기 때문이다. 미련은 관심이다. 세상을 미워하는 까닭은 세상에 관심이 많아서다. 그리고 나에 대한 욕심이 남았기 때문이다. 나를 아직 버리지 않았기에 나보다 뛰어난 사람을 질투하게 되고, 나보다 잘나가는 놈은 뭔가 다른 꿍꿍이가 있을 거라고 의심하게 되고, 그놈 때문에 내가 못나게 된 것처럼 화가 나는 것이다. 그러므로 사람을 미워하지 않는 인간은 나를 사랑하지 않는 인간이다.

그늘이 드리워진 곳엔 해가 떠 있는 법이고, 미움이 있는 곳엔 받지 못한 사랑이 맴도는 법이다. 나를 사랑하지 않는 데 누가 나를 사랑해 줄 것인가. 곰곰이 생각해 볼 문제다. 나이가 들면 초연해지고 너그러워진다고 나 또한 어려서부터 배웠고, 젊어서는 그러리라고 생각했다. 그러나 아니었다. 나이가 들수록 갖고 싶은 것, 먹고 싶은 것, 하고 싶은 말들이 어찌나 많은지 하루 24시간 중 잠드는 예닐곱 시간을 제외하면 온통 불평불만이다. 그런 감정이 느껴지지 않고 너그러워졌다는 것은 거짓말이 아니고서야 큰 문제다. 그렇게 정신을 쏙 빼놓고 사니까 물만 먹어도 살이 찌고 죽어라 산을 타도 무릎 관절이 밤마다 쿡쿡 쑤시고, 술 한 잔 마셔도 당이 쭉쭉 올라가고, 미주알에 암이 발병하고, 머릿속이 석회암으로 변질되는 것이다.

나는 항상 화가 나 있다. 세상 돌아가는 꼴이 마음에 안 든다. 그 중에서도 내가 제일 마음에 안 든다. 그러니 밥상머리에서 치를 떨며 젓가락질을 한다. 먹자마자 소화가 된다. 술을 마셔도 취하질 않는다. 정신이 쉴 틈이 없다. 뇌 수치는 올라가도 당과 콜레스테롤은 절대로 올라가지 않는다. 왜냐하면 우리 몸의 영양분을 제일 먼저 소비하는 곳이 바로 뇌이기 때문이다. 머리를 쓰지 않으니까 먹은 것들이 잔뜩 쌓여 몸 여기저기서 썩어가는 것이다. 그것이 노인 냄새의 정체다. 인간의 머리는 분노하고 질투할 때 최고로 빠르게 돌아간다. 어마어마한 열량과 열정을 소비한다.

그러니 앞으로는 억제하지 말고, 참지 말고, 인내하지 말기를 바란다. 그것은 미덕이 아니다.

의병의 생은
초연해질 수 없다

"왜 이렇게 됐을까? 우리가 세상과 싸우지 않고 순순히 항복했기 때문이다. 포로가 되었기 때문이다. 싸우지 않는 의병은 포로가 될 뿐이다. 포로가 조롱받는 것은 당연하다."

　내 첫 직장은 '동양통신', '합동통신'과 더불어 국내 삼대 통신사 중 하나였던 '동화통신'이었다. 그때 함께 일하던 동료 중에 이만섭 전 국회의장이 있었다. 나보다 두 살 어린 파릇파릇한 젊은 기자였는데, 통신사에서 툭하면 월급을 건너뛰자 참다못한 이 기자가 하루는 책상 위로 뛰어올라가 월급을 왜 안 주냐며 난리 블루스를 쳤다. 주먹으로 편집국장 책상을 쾅쾅 두드리며 당장 돈 받아오라고 서슬이 퍼렇게 달려드는데 그 젊은 혈기가 지금은 많이 죽어 별 다른 소식이 안 들리는 것을 보니 아쉽다.

　일제강점기 총독부 기관지였던 경성일보가 해방 직후 정부기관지로 변신하면서 이름을 '서울신문'으로 바꿨다. 월급 몇 푼 더 준다는 선배의 꼬임에 넘어가 동화통신을 그만두고 서울신문으로 옮겼다. 이승만 정권 말기인 1960년 초봄이었다.

이승만 독재에 대한 시민들의 분노가 쌓이고 쌓여 폭발 직전에 놓였던 때였기에, 가지 말라고 만류하던 분들이 많았음에도 돈에 눈이 멀어 글쟁이의 양심이라나 뭐라나를 나부랭이 취급하며 떳떳이 입사했다.

그런데 시국이 문란한지라 여기서도 또 월급이 제때 안 나오는 것이었다. 정부가 돈줄인 언론사다 보니 하루가 멀다 하고 전국 각지에서 들불처럼 번지는 시위에 직격탄을 맞았다. 정부에서 지원금은 안 주고 허구한 날 써제끼라는 기사가 거리에서 민주주의를 외치는 어린 학생들을 공산당 지령을 받은 빨갱이로 몰아세우라는 지시뿐이었다.

이직하고 두서너 달도 안 되어 내 선택에 후회가 밀려왔다. 어차피 돈 때문에 옮긴 직장이었지만, 기자들이 자주 모이는 광화문 뒷골목 대폿집에서도 나 서울신문 기자요, 라고 당당히 말하기도 창피한 지경에 이르렀다. 여차하면 튀어야겠다는 결심을 하고 다른 신문사를 알아보던 중에 4월이 되었다. 예나 지금이나 4월은 잔인한 달인가 보다. 월급은 여전히 안 나왔다.

나를 포함한 몇몇 젊은 기자들이 생떼를 써서 밀린 월급의 일부가 편집장 주머니에서 나왔다. 그 돈을 곱게 싸들고 퇴근 후 집으로 돌아가야 했지만, 우리의 발길은 점심시간을 맞아 자연스레 대폿집으로 향했다. 동그랑땡에 막걸리를 거나하게 마시고 회사로 들어가려는데 서울신문 정문 앞에 어마어마한 인파가 몰려 있다.

교복을 입은 까까머리 학생부터 대학생, 개중에는 국민학교 배지를 달고 있는 열두세 살 소녀도 보였다. 이승만 독재에 넌더리가 난 시민의 목소리를 빨갱이로 몰아세운 언론사의 비도덕적 기사에 분노한 학생들이 서울신문 앞으로 모여든 것이다.

그 어린 학생들에게 경찰의 곤봉이 마구 쏟아졌다. 여차하면 총도 쏘라는 명령이 윗선에서 내려왔는지 바리케이드로 세워놓은 버스 뒤편에서는 '딱총'에 실탄을 장전하는 모습이 보였다. 같이 있던 사진기자가 잽싸게 카메라를 꺼내 셔터를 눌렀다. 대낮인데도 플래시를 마구 터뜨렸다. 깜짝 놀란 경찰들이 우리에게 다가와 제지하려는 순간 내가 기자증을 꺼냈다. 내 몸에 손가락 하나 댔다가는 다음날 기사에 당신들 이름 실명으로 다 써넣겠다고 협박했다.

경찰과 우리들이 버스 뒤쪽에서 옥신각신하는 것을 발견한 몇몇 학생들이 뭔가 싶어 쫓아왔고, 곧이어 실탄에 장총이 들어 있는 궤짝을 목격하게 되었다. 일이 커졌다. 소문이 삽시간에 퍼졌고 다음날부터는 학부모들까지 학생들 시위에 가담했다.

그날도 어김없이 시위대가 몰려들었다. 규모가 심상치 않았다. 전화통에 불이 났고, 편집국장은 알아서 살길 찾아 도망치라는 말을 남기고는 일찌감치 사라졌다. 나는 동료들과 함께 밖에 나가 구경했다. 교복 입은 어린 학생들이 기온은 아직 차가워도 햇살은 완연한 봄기운으로 물씬거리는 대낮에 학교를 뛰쳐나와 먼지를 뒤집어쓰고 내가 일하는 신문사 앞에서 민주주의를 외치고 있다.

독재에 맞서고 있다. 나는 월급 몇 푼 더 받아 엄마가 좋아하는 돼지고기 사 드리고, 외상 술값 갚고, 종로에서 양복 맞춰 입을 욕심에 내 청춘이 힘겹게 축적해 놓은 지식인이라는 타이틀을 길바닥에 내버린 셈이었다.

나도 모르게 신문사 뒤편으로 달려가 기자들만 출입할 수 있는 철조망 자물쇠를 부서뜨렸다. 지나가는 학생을 붙잡고 이쪽에 문을 열어놨으니 가서 학생들에게 알려주라고 말했다. 잠시 후 학생들이 노도처럼 밀려들었다. 동료 기자 한 명이 펜치를 가져와 철조망을 끊기 시작했다. 혹시나 철조망에 학생들이 긁힐까 걱정돼 양복 윗도리를 벗어 철조망에 올려두려는 찰나 학생들에게 떠밀려 쓰러졌고 무자비하게 밟혀 다리가 부러졌다.

내가 50년 전 이야기를 새삼 꺼내는 이유는 그때 국민학교 배지를 달고 있던 어린 친구들이 이제는 초로의 나이가 되어 은퇴를 눈앞에 두고 있기 때문이다. 그날 거리에 쏟아져 나와 독재 타도, 민주주의 실현을 외쳤던 젊은 학생들이 이제는 60, 70을 바라보는 나이가 되었기 때문이다.

정동영 씨는 우리 현대사에 말발로 한 획을 그으신 거룩한 정치인이다. 특히 2004년 3월 26일 대구에서 한 발언은 역사에 길이 남을 만한 명언이다.

"미래는 20대, 30대들의 무대라구요. 그런 의미에서 한 걸음만 더 나아가서 생각해 보면 60대 이상, 70대는 투표 안 해도 괜찮아요. 꼭 그분들이 미래를 결정해 놓을 필요는 없단 말이에요. 그분들은 어쩌면 이제 무대에서 퇴장하실 분들이니까…. 그분들은 집에서 쉬셔도 되고 20대, 30대는 지금 뭔가 결정하면 미래를 결정하는데 자기의 이해관계가 걸려 있잖아요."

노인 비하라고 해서 큰 문제가 됐는데, 그는 또 최근에 '꼰대들 늙은 투표에 인생 맡기지 말라'는 모 교수의 발언을 트위터에 올렸다가 곤혹을 치렀다.

한 명의 정치인을 비난하려는 것이 아니다. 이 시대에 우리의 늙음이 우리보다 젊은 자들에게 이토록 비참하게 대접받아야 하는 원인이 무엇인지 고민해 보자는 것이다. 5년에 한 번씩 억지로 내던져 주는 거지발싸개 같은 투표용지에 내 마음대로 인주 찍는 것조차 비하의, 조롱의 대상이 되는 세상이다. 50년 전 10대의 나이에 총으로 무장한 경찰들 앞에서 책가방을 내던지며 세상과 맞섰던 우리가 어쩌다가 이 지경에 이르렀는지 지난 세월이 참혹하기만 하다.

10대 시절, 20대 시절 우리는 의병이었다. 세상에 우리를 지켜줄 만한 관군은 어디에도 없었다. 요즘 애들은 몇 백만 원 짜리 과외도 받고 한다지만, 우리는 교과서도 물려받아서 공부했다. 그래서 우리는 더욱 악착같이 살아야만 했다. 지긋지긋한 가난과 상것의 자식이라는 설움을 떨치고 일어나서 민주화를 위해, 산업화를 위해 거리에서는 투쟁하고 직장에서는 경쟁했다.

한번 의병은 영원한 의병이다. 우리네 운명은 의병처럼 살다가

의병처럼 죽는 걸로 귀결되어 있다. 의병은 싸우기 위해 모인 자들이다. 우리 운명은 세상과 싸우는 것밖에 없다. 어려서는 가난과 무식과 싸우고 젊어서는 독재와 싸우고, 중년에는 세계경제와 싸우고, 늙어서는 초연하게 살다 가라는 세상의 묵시적인 명령과 맞서 싸워야 한다. 싸우지 않는 의병은 포로가 될 뿐이다. 포로가 조롱받는 것은 당연하다.

　세상은 노인을 개똥만도 못하게 여긴다. 지하철 2호선의 쌈패 할망구, 쪽방촌 독거노인, 죽은 지 6개월 만에 발견된 고독사한 늙은이, 박카스 아주머니의 호구쯤으로 보고 있다. 좋게 봐줘야 은퇴 후 10억이 필요하다느니, 한 달에 200~300만 원은 있어야 애들 눈치 안 보고 노후 생활 보낸다느니, 안 그러면 나이 60에 마트 가서 카트 정리를 하든지, 아파트에서 경비로 일해야 한다고 위협한다. 왜 이렇게 됐을까? 우리가 세상과 싸우지 않고 순순히 항복했기 때문이다. 포로가 되었기 때문이다.
　세상이 우리를 더 이상 위협적인 존재로 생각하지 않게 되었기 때문이다. 우리에게서 얻을 만한 것이 없다고 생각하게 되었기 때문이다. 이런 데도 가만히 있을 것인가? 젊은 날 의병의 기개는 어디로 갔는가? 앉아서 곱게 죽는 것은 우리 아이들의 역할이다. 그 아이들은 우리 덕분에 산부인과에서 편안하게 태어났으니 갈 때도 편안하게 가는 것이 당연하다. 우리는 밭두렁에서, 냉골의 아랫목에서 산파에게 엄마의 목숨을 맡긴 채 위협적으로 태어났다. 죽을 때까지 누군가를 위협하며 살아가야 될 운명인 것이다. 부디 그 운명을 회복시키기 바란다. 어차피 천지간에서 사람대접 받으며 살기는 그른 세상이다. 의병답게 늙은 몸을 이끌고 새로운 전장을 찾아 헤매는 수밖에 없다.

늙은이의 하루도 24시간이다

"한낮을 알차게 보내는 것은 맛있는 음식을 배불리 먹는 것과 같다. 하루에 대여섯 시간만 나에게 투자한다. 그걸로 충분하다."

보통은 새벽 5시쯤 눈이 떠진다. 나이 들면 잠이 없어진다지만, 젊어서도 새벽이면 눈이 떠지는 아침형 인간이었다.

흔히 저혈압은 아침에 잘 못 일어난다고 한다. 나는 본태성 고혈압이다. 예전에 직장 생활을 했을 때는 혈기왕성한 기자들 사이에서도 내 혈압이 가장 높았다. 그처럼 혈압이 높은데도 담배를 물고 살고, 술은 주식이었다. 커피도 하루에 수십 잔은 마셨다. 그러다가 폭삭 망하고 묘막에 거처를 틀면서 동네 보건소에 혈압을 재러 갔다가 혈압약이라는 것을 먹게 되었다. 한번 먹으면 죽을 때까지 먹어야 한다고 했다. 혈압약을 복용한지는 십 년이 조금 넘었다.

내가 술 좋아하고, 담배는 열다섯 살부터 피기 시작했어도 내 몸은 무지막지하게 아낀다. 아낀다기보다는 조금만 컨디션이 이상해도 의사를 찾든, 약사를 찾든 몸에 이상이 생겼는지 확인한다. 이 나이까지 써먹었는데 고장이 날 법도 하지, 라며 대수롭지 않게 여기는 노인네도 많이 봤다. 그럴 때마다 기가 찬다. 혈압약도 어제는 먹고 오늘은 안 먹고 내일은 또 먹는 식으로 불규칙하게 복용하는 분들이 많다. 그랬다가는 골로 가는 수가 있다. 약발로 억눌린 혈압이 약효가 떨어지면 평소보다 더 세게 용솟음치고, 기운을 못 이겨 혈관이 터지면 어이없이 병풍 뒤에서 향내나 쿵쿵대는 신세가 된다.

그래서 아침에 눈 뜨고 제일 먼저 하는 행동이 혈압약 먹기다. 한 달 치를 받아와서 일일이 날짜를 써넣는다. 이렇게 해두면 먹었는지 안 먹었는지 헷갈리지 않는다. 띄엄띄엄 약을 먹는 것도 나쁘지만, 하루에 두 번 먹는 건 더욱 위험하다. 긴가민가할 때는 차라리 하루 안 먹는 게 좋다.

혈압약을 먹고 신문을 본다. 토요일에는 지국에서 그날 나온 일간지를 모두 가져다 준다. 내가 특별히 부탁해 놓았다. 토요일은 각 신문마다 서평이 실린다. 무슨 책이 나왔는지, 어떤 책이 베스트셀러인지 확인하기 위해서다.

그러다 보면 어느새 아침 7시나 8시쯤 된다. 가볍게 아침을 먹고 아홉 시쯤 일을 시작한다. 집에서 빈둥거리며 일하는 프리랜서일수록 시간 관리가 철저해야 한다. 직장인들이야 남이 알아서 나를 움직여주지만, 프리랜서는 스스로 움직여야 한다. 스스로 움직인다는 것은 인간 개성의 최대치이자, 밑도 끝도 보이지 않는 거대한 늪이라고 할 수 있다. 아무에게도 구속받지 않고 내가 하고 싶은 일을 내가 할 수 있는 시간에 해낸다는 것은 극도의 만족감을 안겨 준다. 동시에 인간을 한없이 나태하고 교만하게 만든다. 조금 있다가 하면 되지, 라는 게으름과 마음만 먹으면 지금 당장이라도 할 수 있다는 교만이 온종일 내 정신을 훑고 지나간다.

하루 24시간에 맞춰 사람은 깨어나고 잠든다. 그 주기에 나를 적응시키면서 살아가는 것이 이치다. 백수가 되었든, 직장에 나가든 하루 24시간이라는 주어진 시간 속에서 자기만의 시간 배분에 따라 움직인다는 행동 원칙은 동일하다. 다섯 살 먹은 꼬맹이도 마찬가지다. 다섯 살 꼬맹이의 하루도 24시간이고, 나처럼 팔십 먹은 늙은이의 하루도 24시간이다.

그런데 다섯 살 먹은 꼬맹이는 하루가 너무 짧고, 여든 살 노인네의 하루는 너무 길다. 나는 예외다. 나의 하루는 너무 짧다. 9시부터 일을 시작해서 두 시간에 원고지 20장 분량을 번역한다. 이 글처럼 내가 직접 쓰는 글은 대중없다. 생각이 화장실에 걸어놓은 두루마리 휴지처럼 술술 풀리면 한 시간에 20장도 거뜬하고, 생각이 막혀 다른 데 신경이 쏠리면 종일 책상에 붙들려 있어도 2~3장 끄적거리는 것이 고작이다.

집중해서 일하고 있으면 시간이 어떻게 가는지 모른다. 문득 시계를 본다. 점심 끼니가 훌쩍 넘었다. 느지막이 점심을 먹고 동네 한 바퀴. 산에는 잘 안 간다. 나무랑 흙바닥은 재미없다. 사람 사는 모습을 보고 싶다. 아리스토텔레스는 자기 집 근처 숲을 거닐며 제자들에게 철학을 가르쳤고, 그래서 사람들이 '소요학파(逍遙學派)'라고 이름 지어 줬다지만, 내가 보기엔 숲을 돌아다니는 명상 때문에 아리스토텔레스는 무거운 물체가 가벼운 물체보다 빨리 떨어진다고 주장하게 되었다. 그가 시장으로 나갔더라면 무거운 생선이든, 가벼운 사과든 날아가는 속도가 똑같다는 것을 발견했을 텐데 아쉽다.

나 혼자 독식하는 책상을 벗어나 사람들 왕래가 잦은 동네 골목을 산책한다. 새벽에 눈 뜨고 늦은 점심을 먹기까지 대여섯 시간을 의자에 앉아 있으니까 발이 붓는다. 피가 아래로 쏠려서다. 발도 풀고 머리에 신선한 공기도 불어넣고 소화도 시킬 겸 동네를 돌아다닌다. 삼사십 분은 훌쩍 지나고 오후 2~3시쯤 되었다.

한두 시간 더 일할 때도 있고, 책을 볼 때도 있다. 낮잠을 자기도 한다. 금방 4시, 5시다. 4시만 되면 하루가 끝난 것 같은 기분이 든다. 나는 보통 7시나 8시에 이불 깔고 눕는다. 잠깐 침대를 써봤지만, 밤에 이부자리를 펴고 아침에 개는 것도 운동이다 싶어 없애 버렸다. 요새는 가스비가 올라서 전기장판 없이는 겨울나기가 무섭다.

아홉 시 뉴스가 시작될 때까지는 어떻게든 버텨본다. 중간쯤 뉴스를 보고 나면 나도 모르는 사이에 눈꺼풀이 감겨 잠든다. 집사람도 비슷한 시간에 잠이 들어서 텔레비전을 켜둔 채 새벽까지 잘 때가 간혹 있었다. 요즘은 타이머를 설정해 둔다. 넉넉잡고 9시

40분이다. 그때까지 눈 뜨고 있기가 정말 어렵다.

집사람은 나와 생활 패턴이 거의 일치한다. 새벽에 일어나 일찍 잠든다. 내 시간 패턴에 맞춰주는 것이 아니라 타고나기가 그렇다. 오랫동안 살다 보니까 부부는 생활이 닮아야 한다. 자고 일어나는 시간이 비슷해야 한다. 자고 일어나는 것은 성격과 직결되어 있다. 새벽에 일어나는 사람은 성격이 급하다. 아침부터 할 일이 많다고 생각해서 눈이 일찍 떠지는 것이다. 일찍 일어나는 사람치고 늦게까지 이불에서 밍기적거리는 사람을 못 봤다. 반대로 새벽에 잠드는 사람은 여유가 많다. 밤은 한가롭고 조용하다. 상대적으로 시간의 흐름이 느리게 느껴진다. 이 고독한 세계에 나 혼자 깨어 있는 것 같다. 육체보다는 정신이 좋아하는 시간대라고 한다.

그래서 예술 하는 사람들이 밤에 일하고 낮에 잔다. 흔히 말하는 올빼미형이다. 좋지 않다고 본다. 음악이나 미술은 모르겠다. 관심도 없고 좋아하지도 않는다. 문학보다 예술적으로 질이 떨어진다는 뜻은 결단코 아니다. 단지 내가 그쪽으로는 문외한에 무식하고 촉감도 없어서 함부로 말하지 않겠다는 것이다. 그저 내 경험상 글을 쓰는 것은 낮에 하는 편이 좋다는 것이다.

모든 예술은 고뇌 위에 핀 꽃이다. 차이는 분량이다. 음악은 4분, 그림은 한 장, 책 한 권은 보통 원고지 600매에서 1천 매 남짓이다. 원고지 600매는 글자가 12만 개다. 솔직히 글이라는 건 먹고사는 직업으로 따져서 예술이 아니다. 엄청난 육체노동이다. 찰나의 감상, 뇌리를 스치는 영감은 문장 하나로 써먹고 끝난다. 한 번 써버린 좋은 문장을 노래 후렴구처럼 두 번, 세 번 돌려썼다가는 얼굴도 모르는 독자들에게 쌍욕을 듣는다.

노동은 밤보다 낮이다. 해가 떴을 때 노동하는 것이 인간 몸에는 가장 적절한 시간대다. 한낮의 시간을 알차게 보내는 것은 맛있는 음식을 배불리 먹는 것과 같다. 한 끼만 잘 먹으면 그날 하루 포식한 것처럼 기분이 좋다. 아침을 잘 먹으면 점심과 저녁은 시원찮게 먹어도 배가 든든하다. 점심에 잔치가 있는 날엔 누구든지 아침 한 끼 거르거나 대충 먹고 때운다. 저녁에 레스토랑을 예약한 사람이 점심에 갈비를 뜯는 경우는 없다.

시간도 마찬가지다. 몸이 최고의 노동력을 제공해 주는 아침 9시에서 오후 2시까지의 시간을 알차게 보내는 것이 중요하다. 그 시간에 나를 만족시켜야 한다. 꼭 일해야 한다는 것은 아니다. 공부도 좋고, 남을 도와주는 것도 좋고, 여행도 좋고, 쇼핑도 좋다. 하다못해 세차도 좋다. 몸을 움직이고, 머리를 쓰고, 여러 감정을 느낄 수 있는 어떤 일을 한다. 이왕이면 여럿이 하지 말고 혼자 한다. 그 시간은 온전히 자기 것으로, 나만 소비하는 특별한 타이밍으로 쓰겠다고 나 자신과 약속한다. 하루 24시간을 몽땅 내 것으로 소비하고 채우는 방법은 바로 이것이다. 하루에 대여섯 시간만 나에게 투자한다. 그걸로 충분하다. 지루함 따위는 느껴질 틈이 없다.

머릿속에는 교통경찰이 없다

"모든 인간에겐 부모와 학력과 건강의 불평등을 단번에 역전시킬 수 있
는 최상의 평등 조건이 주어졌다. 뇌력(腦力)이다. 우리가 사용하지 못
한 97퍼센트의 뇌세포다."

20여 년 전에 면허증을 땄다. 환갑 무렵이었던 것 같다. 면허증
은 생각도 안 하고 살았는데, 어느 날 아내가 면허증을 땄다면서
차를 사달라고 졸랐다. 그래서 차를 한 대 사줬다. 기아자동차에
서 나온 자주색 '세피아'였다. 자주색 세피아를 끌고 수영을 배운
다, 테니스를 배운다 하면서 하루도 빼놓지 않고 외출하는 아내
모습을 보고 있자니 배가 아파 견딜 수가 없었다. 퇴근하고 돌아
와서 제일 먼저 하는 일이 세피아의 주행거리를 확인하는 것이었
다. 길게는 하루에 100킬로미터가 넘는 거리를 달리기도 했다. 나
없을 때 어디를 그렇게 싸돌아다니는지 궁금했다.

안 되겠다 싶어서 필기시험에 응시했다. 문제집만 대충 훑어보
고 첫 번째 시험을 치렀다가 40점을 받았다. 학창 시절에도 받아본

적이 없는 점수다. 그 어려운 시절에 대학원까지 나온 사람인데 40점이라니 기도 안 찼다. 책이라면 죽고 못 사는 큰아들 대학 보내겠다고 없는 살림에 서울역 뒤편에 냉면 가게 차리고 밤낮으로 고생하시던 엄마 생각이 다 났다. 다음 시험에는 문제집 한 권을 다 풀고 나갔다. 문제집을 풀고 나갔더니 도로교통법이 더 헷갈린다. 32점 가량을 받았다. 창피했지만 아내에게 사실대로 털어놓고 아내가 다녔던 학원에 등록했다. 요점 정리를 쫙 뽑아주고는 이것만 달달 외우라고 했다. 과연 다음 시험에는 거짓말처럼 붙었다.

요즘은 학원에서 시험까지 다 보지만 그때는 면허 시험장에서 기능 시험과 주행 시험을 봤다. S코스, T코스, 요철 등을 통과해야 최종적으로 운전 면허증을 딸 수 있게 된다. 해군에서 문관으로 복무할 때 지프차를 몇 번 몰았던 기억을 떠올리며 합격을 자신했지만, 어깨를 라인에 맞추라느니, 핸들을 두 바퀴 반만 돌리라느니 모든 게 공식이었다. 공식을 모르고는 T코스를 빠져나올 수가 없었다. 기능 시험에서도 몇 차례 고배를 마셨다.

서울의 면허 시험장은 만원이었다. 떨어지자마자 죽어라고 접수 창구로 달려가서 재시험을 신청해도 짧으면 한 달, 길면 두 달 후에나 내 차례가 돌아왔다. 또 아내에게 부탁했다. 아내가 학원에 문의했더니 전주에 있는 면허 시험장에 가보라 한다. 전주는 면허 시험 응시자가 서울처럼 많지 않아서 하루에 두 번까지 시험이 가능하다는 것이다. 비가 억수같이 쏟아지던 여름에 전주로 내려가서 기능과 주행 시험을 치렀고, 단번에 합격했다.

운전면허증을 땄다는 기쁨보다도 필기와 실기에서 맛본 쓰디쓴 실패에 약이 올랐다. 이깟 면허증 하나 따는데도 전주까지 내려와야 되는 내 주제가 서글퍼졌다. 벌써부터 이 지경인데 십 년 후에는 내가 어떤 몰골로 살아가게 될지 덜컥 겁이 났다.

그 후로 20여 년이 지났다. 며칠 전에는 강원도에 처음 생긴 모 백화점 앞에 차를 세워두고 쇼핑했다가 4만 원짜리 주차 위반 딱지를 끊었다. 그러는 동안 세피아는 폐차가 됐고, SUT 차량을 구입했다. 덩치가 산만한 나의 검정색 SUT는 도로의 무법자다.

경상북도 영양군이라는 우리나라에서 신안 다음으로 깨끗하고 공기 좋은 동네에 만 평이 넘는 땅을 사두었다. 경매로 산 것이다. 경매로 전 재산을 날린 게 억울해서 언젠가는 경매로 집이든 땅이든 사겠다고 별렀는데, 2008년에서야 꿈을 이루었다. 이제는 잠들 때 경매로 빼앗긴 예전 집 생각이 안 난다. 성경에 이에는 이, 경매에는 경매라는 구절이 왜 있는지를 깨달았다.

원주에서 중앙고속도로를 타고 제천, 단양, 영주, 안동을 지나 영양까지 200킬로미터가 넘는 거리를 보름에 한 번씩 왕래한다. 중앙고속도로는 한산한 편이라 속도에 대한 감각이 무뎌진다. 최고로 밟아본 게 170킬로미터다. 뒤가 붕 뜨는 느낌이다. 달리는 게 아니라 날아간다. 20년 전 운전면허 주행 시험에서 시동을 꺼먹고 떨어졌던 환갑의 노인네가 80이 넘은 나이에 중앙고속도로를 평균 시속 120킬로미터로 내쏘고 있다. 이것이 뇌력(腦力)이다.

눈도 늙고, 귀도 늙고, 다 늙어도 뇌는 안 늙는다. 나이가 들면 지력이 떨어진다고 하는데 누가 지어낸 거짓말인지는 몰라도 매우 악의적인 구라다. 나의 경험에서 우러난 산 증거가 그렇게 말해 주고 있다.

인류 역사상 최고의 천재로 꼽히는 인물인 아인슈타인은 자기 뇌의 약 20퍼센트를 사용했다고 한다. 평범한 일반인은 평균 2~3퍼센트를 사용한다고 한다. 다시 말해 극소수 천재를 제외한 거의 모든 사람들이 자기 뇌의 97퍼센트는 건드려 보지도 못하고 죽는다는 계산이 나온다.

인간의 뇌세포는 약 1천억 개. 그중 감각과 운동, 기억, 인지를 담당하는 대뇌피질에 백사십억 개의 뇌세포가 꿈틀대고 있다. 인간의 지적 능력은 사실상 이 대뇌피질에 달려 있다고 해도 과언이 아닌데, 주름으로 이루어진 대뇌피질을 펼쳐 놓으면 기껏해야 신문지 한 장 크기에 불과하다고 한다. 신문지 한 장 크기의 주름진 덩어리가 인간의 평생을 좌우하는 것이다.

세상에 잘못 알려진 속설로 한 번 죽은 뇌세포는 두 번 다시 재생하지 못한다는 이야기가 있다. 그래서 항간에는 축구를 하면 헤딩을 많이 해서 머리가 나빠진다느니, 학교에서 꿀밤을 많이 맞아 머리가 나빠졌다느니 하는 우스갯소리들이 나오곤 했다. 그런데 실제로는 뇌세포가 죽은 개수만큼은 아니더라도 절반쯤은 다시 생성된다. 또 외부 충격으로 손상된 뇌세포가 자기 치유로 회복되기도 한다. 파킨슨병처럼 뇌가 석회화를 일으키지 않는 한, 인간의 뇌는 절대로 그 기능이 떨어지지 않는다.

노화로 인해 기억력이 쇠퇴하고, 계산과 창의력이 저하되는 이유는 영양 공급과 산소 공급이 젊은 시절만큼 활발하지 못한 탓이지 뇌 그 자체의 기능이 약화되었기 때문은 아니다. 이를 확인시켜 주는 좋은 사례가 있다.

『국화 옆에서』라는 시로 유명한 서정주 선생은 일흔세 살부터 에베레스트 산을 시작으로 세계에서 가장 높은 산들의 이름을 외우기 시작했다. 기력이 예전 같지 않고 머리도 둔해진 감이 있어 스스로를 단련하기 위해서였다. 첫날에는 산 다섯 개를 외웠다. 그 후로 매일 산 이름을 하나씩 더 외웠고, 3년 후에는 무려 1천 625개의 산 이름을 외우기에 이르렀다. 매일 아침 30분씩 1천600 개가 넘는 전 세계의 높은 산들의 이름을 눈 감고 외웠다는 것이다. 그때 나이가 일흔여섯이었다.

인간의 뇌는 생후 8개월이면 완성된다. 피부, 장기, 뼈, 근육이 20대 중반까지 성장하는 것과 달리 인간의 뇌는 생후 8개월이면 기능적으로 성인과 다름없다. 그 후로는 크기와 사용 빈도가 늘어나는 것뿐이다. 근육은 꾸준한 운동이 뒷받침되지 않으면 금방 줄어들고 약해진다. 다리가 부러져 한두 달 깁스를 했다가 제거하면 부러졌던 다리가 젓가락처럼 가늘게 변해 있다. 깁스를 하는 동안 사용하지 않은 근육들이 전부 사라진 탓이다. 뼈도 서른 살 이후로는 노화가 시작되어 칼슘이 빠져나간다. 그로 인해 골다공증이 발병할 위험이 높아진다. 장기도 마찬가지다. 나잇살로 불리는 아랫배가 중년 이후 급격히 불어나는 까닭은 내장의 신진대사 능력이 현저하게 떨어지기 때문이다. 이처럼 몸의 기능들이 젊은 시절과 비교해서 점점 더 약해지고 온갖 병에 무방비로 노출되는 데 비해 뇌라는 장기는 생후 8개월과 여든 살 노인의 기능적 차이가 거의 없다고 할 수 있다.

인생은 불공평하다. 노력한다고 해서 모두 똑같은 보상을 받는 것도 아니고, 죄를 짓는다고 해서 그에 따른 형벌을 받게 되는 것도 아니다. 사람이 종교에 약한 모습을 드러내는 것도 따지고 보면 이 불평등한 세상에 대한 위로를 절대자에게서 구하기 때문이다. 신의 섭리인지는 모르겠지만 모든 인간에겐 부모와 학력과 건강의 불평등을 단번에 역전시킬 수 있는 최상의 평등 조건이 주어졌다. 그것은 바로 우리가 사용하지 못한 97퍼센트의 뇌세포다.

청년인 때에 사회주의에 경도되지 않은 사람은 없을 것이다. 모두가 똑같이 일하고, 똑같은 계급 하에, 똑같은 교육을 받고, 똑같은 대접을 받는다. 그러나 현실에서는 사회주의 국가에서도 불평등은 존재한다. 오직 인간의 머릿속에서만 불평등이 존재하지 않을 뿐이다.

아인슈타인과 한국의 평범한 노인네가 어떻게 평등해질 수 있을까. 한쪽은 물리학에서 상대성이론을 창시한 세계적 천재이며, 다른 한쪽은 전쟁이 끝난 폐허에서 맨몸으로 가족을 먹여 살리려고 이리 뛰고 저리 뛰며 사방팔방 안 해본 일이 없는 그렇고 그런 늙은 몸뚱이다. 기껏해야 신문이나 읽고, 은행 통장, 각종 세금 고지서, 아이들 성적표, 가계부나 써왔다. 일기는 국민학교 방학 숙제로 언제 써봤는지도 가물가물하다. 그래도 한때는 문학청년이었던 시절도 있다. 윤동주의 시집 사이에 고운 낙엽을 끼워 책갈피로 삼기도 했고, 밤 늦도록 소설책에 백열등을 비춘 적도 있었다.

그러나 이제는 문자 그대로 늙었다. 이 한 몸 건사하기도 벅찰 때가 있다. 아프지 않고, 집안에 우환이 생기지 않고, 또다시 전쟁이 나지 않고, IMF가 오지 않고 살면 되는 것이다…. 여기까지가 3퍼센트의 뇌세포를 사용해서 도달한 인생이다. 아인슈타인은 어쨌든 20퍼센트를 사용했다고 하니 우리보다 일곱 배는 더 풍요롭고 넓은 세계를 살았다고 할 수 있다. 하지만 그래 봐야 아인슈타인 역시 80퍼센트는 건드려 보지도 못했다. 더구나 아인슈타인은 이미 오래 전에 세상을 떠났다. 그에 비하면 우리는 아직 살아 있다. 우리가 아인슈타인 곁으로 가기까지 몇 년이 걸릴지, 몇 십 년이 걸릴지는 아무도 모른다. 중요한 건 아직 살아 있으며, 아인슈타인보다 많은 97퍼센트의 뇌세포가 준비되어 있다는 점이다. 이것은 엄청난 행운이자 축복이다.

인생의 10년 주기설

아침에 서리를 밟았다면 머잖아 얼음을 밟는 시절이 도래한다.
—『주역(周易)』이상견빙지(履霜堅氷至)

언제, 어디서나, 무엇이든 상관없다. 하는 게 낫겠다 싶은 행동은 무조건 실천에 옮긴다. 몇 번 그러다가 마는 게 아니라 습관으로 정착시킨다. 앞으로 더 나이가 들기 전에 생활철학으로 뿌리내리도록 항상 생각하며 살아야 한다.

세상일은 대체로 상대성을 지닌다. 사람의 행위도 조건에 대한 반사로 일어날 때가 많다. 누가 어떻게 움직였느냐에 따라 주위 사람들의 태도가 반응하고, 더불어서 본인 인생의 순간들이 반응한다. 인류의 역사가 과실과 어리석음으로 덧칠해진 것도 근본 원인을 따져 묻는다면 개개인의 일생이 실수와 실패, 과오의 연속이었기 때문이다. 각자가 저지른 행위는 정치인 한 명의 결단, 독재자 한 사람의 출현보다 훨씬 큰 힘을 갖고 있다. 나 한 사람쯤이야, 라고 생각하지만 실개천이 흘러 흘러 여울과 강으로 모여 바다를 이루듯 나 한 사람의 실천이 세대를, 시대를 변화시키고 대표할 수도 있다.

사람 일이라는 게 뜻대로 이뤄지지 못할 때가 더 많다. 지금껏 살아오면서 숱하게 겪었던, 그래서 어느 사이엔가 익숙해진 진리다. 우리처럼 평범한 사람이 뜻대로 되지 않는 세상사를 내 뜻대로 변화시키겠다며 나섰다가는 크게 데이기 십상이다. 상처를 받게 된다는 뜻이다. 환경을 지배하겠다며 호기롭게 나서기보다는 주어진 환경에 적응하려고 움직이는 편이 효과적이고 안정적이다. 우리가 처한 환경은 다종다양하지만, 시간이 흐를수록 생활에 깊숙이 와 닿는 환경을 꼽자면 '나이'다.

'나이'라는 환경에 적응하고 싶다면 아무리 작은 일이라도, 혹은 보잘 것 없는 만남이더라도 그것이 나의 생활에, 또는 나의 기분에 아주 약간이나마 도움이 된다고 판단된다면 '좋다, 한번 해보자'라고 의식적으로 실천에 옮긴다.

실천의 첫 번째는 자기 일은 나 혼자, 되도록 일찌감치 처리하는 습관을 기르는 것이다. 나이가 들수록 일상생활에서 가장 중시해야 할 삶의 태도이자 덕목은 '미루지 않기'라고 생각한다. 오늘 해야 할 일을 오늘 끝마치는 것은 너무나 당연한 얘기인데, 많은 사람들이 평생의 화두로 머리에 이고 다니며 지키지 못할 약속으로 남겨 두곤 한다. 어려서부터 방학이면 생활 계획표를 짜거나, 일터에서 스케줄 보드에 빼곡하게 할 일을 적었던 기억이 다들 있을 것이다. 머리로는 해야 하는데, 움직여야 하는데, 시간이 됐는데, 하면서도 귀찮아서 미룬 일을 급해서 건너뛸 때가 많았다.

　앞으로는 한 발 더 나아가 내일 해야 할 일을 오늘 끝마치고, 모레 해야 할 일을 내일 끝마칠 수 있게 되기를 노력해 본다. 우리에게 주어질 시간이 보다 길어질 것이다. 좀 더 빨리 처리하려고 노력하는 태도와 조금 더 게으름을 부리는 태도는 훗날 엄청난 결과의 차이로 나타난다. 마음가짐이란 게 말보다 무서워서 매사 손에 잡힌 일을 스스로 인정할 수 있을 때까지, 만족스러워질 때까지 마무리 짓고, 정리하고, 일단락시키는 습관이 몸에 배어들면 뜻하지 않은 사고가 눈앞에 닥쳐와도 별로 당황하지 않게 된다. 노년의 삶은 언뜻 보기에 그날이 그날 같아도 이보다 더 극적일 수는 없다. 언제 갑자기 암에 걸렸다는 통고를 받아도 놀랄 일이 아니다. 죽마고우가 죽었다는 소식을 들어도 놀랍지 않다. 나 자신의 죽음마저도 그리 멀지 않은 시점에 현실이 될 것이기에 젊은 날처럼 '죽음'이라는 단어가 우습지도, 뜬구름 같게 들리지 않는다. 10대에는 20대를, 20대에는 30대를, 30대에는 40대를 바라보며 살아가는 데에 길들여졌던 우리들이 '노인'이 되고부터는 내일이라는 미지의 시간에 항상 죽음이 반쯤 턱을 괴고 있다. 죽으면 모든 게 끝이다. 종교에 따라 천국도 가고, 환생도 하고, 화장터의 잿가루가 되거나, 공동묘지라는 살풍경한 이름 대신 '추모 공원'으로 불리는 용미리의 어느 산자락에서 미생물로 변해 갈지는 알 수 없으나, 확실한 것은 다음을 자신 있게 기약할 수 없기에 오늘을 충실하게 채워넣을 수 있다는 점이다.

　오늘 해야 할 일을 내일로 미룬다면 내일 해야 할 일은 모레로 미뤄진다. 이렇게 계속 미루다 보면 아무것도 하지 못한 채 나이만 더 먹고 끝내는 기억조차 나지 않는 미련과 아쉬움을 세상에 남기게 된다. 매일매일 끝내지 못한 일들이 마음에 짐짝처럼 쌓여 방에 누워서도 쉬는 것 같지가 않고, 이로 인해 불면증이 생길지도 모른다. 그 주에 일요일은 단 하루뿐이기에 우리 마음의 안식처가 되는 것이지 그 주에 7일이 일요일, 한 달이 일요일, 1년 365일이 일요일이라고 한다면 어디 가서 뭐라도 해야 될 것만 같은 쫓기는 기분에 시달리게 된다.

　이를 매사의 지침으로 삼아야 한다. 종류를 막론하고 실천이 필요하다면 일찌감치 해치운다. 새로 개통한 경춘선을 타고 춘천이라도 한 바퀴 돌아보고 싶은 날에는 미리 준비를 마치고 일찌감치 기차역으로 나간다. 차표를 끊고 아직 시간이 남았다면 근처 찻집에 들러 서두른 만큼 몸을 쉬게 하거나, 서점에 들러 책을 읽거나, 춘천에 도착하면 뭐부터 할 건지 수첩에 적어본다. 기차 시간에 맞춰 급하게 도착해 급변하는 세상에서 여러 발 뒤쳐진 노인네 티를 물씬 풍기며 목청껏 일행을 찾고, 플랫폼에 자리를 차지하고 앉아 점심에 뭘 먹을 건지를 따진 후에 기차에 올라타는 것보다 여행이 한결 여유롭고 안전하게 보장될 뿐만 아니라 주위 사람들이 은연중에 내게 기대하는 나이에 어울리는 품위와 모범을 자랑할 수 있고, 더 나아가서는 자기 자신에게 부끄럽지 않게 되어 여기서 큰 만족감을 얻게 된다. 나이가 들면 사람이 창피를 모르게 된다고 하는데, 남 앞에서 이런저런 수모를 겪었던 경험이 누적되어 타인의 시선에 무뎌지고 부끄러움을 대수롭게 여기지 않게 되었을 뿐, 오히려 자기 눈동자 앞에서는 더 민감하게 수치를 느끼고, 그 때문에 자신감도 많이 상실하게 된다. 늙으면 아이가 된다는 말은 틀리지 않았다. 어린 아이는 아빠와 엄마를 보며 자기를 비하한다. 나는 아빠 같지 않고 엄마 같지 않은 사람이다, 나는 글렀다, 라고 자학하면서 정신이 성숙된다. 이에 반해 노인은 자신의 젊은 날과 오늘을 비교하면서 나는 예전 같지 않고, 그래서 이젠 끝났다, 라고 자학한다. 그리고 정신이 퇴보하는 것이다.

우리의 오늘을 만든 장본인은 10년 전 '나의 실천'이었다. 오늘의 하잘것없는 실천이 두려워지는 이유다. 이를 보면 세상 이치가 수학으로 증명되는 이유가 있다. 어떤 일의 결과는 항상 '원인'에 '시간'을 더한 값이다. 자연이 그렇고, 사람이 그렇고, 사람이 살아간 일생이 그렇다. 중국의 고전 『주역(周易)』에 '이상견빙지(履霜堅氷至)'라는 구절이 나온다. 아침에 서리를 밟았다면 머잖아 얼음을 밟는 시절이 도래한다는 뜻이다. '서리'는 우리 인생에서 오늘이다. '얼음'은 미래의 어느 날에 겪게 될 어떤 일이다. 오늘 낮에 직장에서 일이 뜻대로 안 풀려 잔뜩 열을 받은 상태에서 저녁에 동료들과 술을 진탕 마시고, 삼겹살을 몇 인분씩 구워 먹었다면 내일 아침은 머리가 아프고 속이 더부룩한 것으로 끝날지 모른다.

그러나 10년 후 내가 암이나, 당뇨병, 동맥경화 등에 걸려 병원에 입원하게 되었다면 그 원인은 바로 오늘의 과음과 스트레스와 폭식이다. 오늘 과음, 폭식, 과도한 스트레스를 받았다고 내일 당장 암에 걸리는 사람은 없다.

자연의 섭리도 이와 비슷하다. 일 년 중 한반도와 태양 사이가 가장 가까워지는 때는 하지(夏至)로 대략 6월 중순이다. 일 년 중 태양이 가장 높이 뜨고 낮도 제일 길다. 그런데 실제로는 한 달 뒤인 7, 8월이 1년 중 가장 무덥다. 겨울도 마찬가지다. 겨울의 한가운데는 12월 동지(冬至)인데 추위는 1, 2월이 절정이다.

세계를 움직이는 정치적 사건도 그렇다. 2011년 미군에게 사살된 오사마 빈 라덴이 '알 카에다'라는 테러 집단을 조직한 것은 1991년 걸프전이 종전된 시점이다. 미국은 걸프전을 평계로 빈 라덴의 모국인 사우디아라비아에 미군을 주둔시켰고, 이를 분하게 여긴 빈 라덴은 미국과의 '지하드(성전)'를 결심한다. 그 결과 2001년 9·11테러가 발생했고, 2001년의 9·11테러를 일으킨 빈 라덴은 10년 후인 2011년 파키스탄의 어느 동굴에서 미군에게 무참히 사살되었다.

인생의 10년 주기설은 우리도 대충은 짐작하고 있었다. 20대의 노력이 30대에 결실을 맺고, 30대의 노력이 40대에 결실을 맺는다. 40대의 노력은 당연히 50대에 결실을 맺고, 50대의 노력은 60대가 되어서야 결실을 보게 된다. 이것이 인생이다. 그러므로 1년 시한부 인생을 선고받은 불치의 환자도 1년의 실천 여하에 따라서는 세상에 미련이 남지 않는 행복한 죽음을 맞이할 가능성이 얼마든지 있다. 그런데 지금 아무것도 하지 않고 멍청히 지낸다는 것은 무엇을 뜻하는가.

우리의 내일이, 한 달 후가, 일 년 후가, 십 년 후가 빈껍데기로 조락한다는 것을 의미한다. 끝이 좋으면 다 좋다는 말이 있듯이 말년이 충만하면 젊어서 겪은 고생과 우환과 수모는 아무것도 아니다. 인생의 성공은 20대의 열락도, 30대의 충만도, 40대의 절정도, 50대의 명예도 아니다. 20대에 온갖 향락을 누리고, 30대에 직장과 가정에서 자리를 잡고, 40대에 정열을 쏟아 붓고, 50대에 사람으로 태어나 갖은 칭송을 누려 본들 그때의 기쁨과 만족이 죽음과 독대한 그날까지 계속되는 것은 아니다. 과거가 되고, 추억이 되고, 먹고 배설한 오늘의 만찬에 지나지 않는다. 그것이 인생이며, 그래서 인생은 공평하다. 노숙자든, 대기업 창업주든, 대통령이든 찰나의 환희가 끝나면 죽음 앞에 무기력한 인간으로 돌아서야 하기 때문이다. 그날의 우리를 결정하는 것은 바로 오늘의 우리다. 답은 이미 나왔다. 그러니 안심해도 된다. 앞으로는 실천하여 남은 인생을 멋지게 창조하는 일만 남았기 때문이다.

주름, 인생이 흘린 눈물

"내 얼굴에 그어진 주름은 내 파란만장한 삶이 흘린 눈물이니까, 죽기
전까지 이 눈물은 절대로 닦지 않겠다."

전철에서 나이 지긋한 남자들과 같이 앉아서 가거나 내 근처에
서 있는 것을 보면 빼놓지 않고 확인하는 게 있다. '검버섯'이다.
검버섯은 아직까지 정확한 원인이 파악되지 않은 피부색소 병변
이다. 작은 건 좁쌀만 하고 큰 것은 새끼손톱만 한 것도 있다. 얼
굴 가장자리와 이마에 특히 많이 난다. 검버섯이 생기면 세수를
해도 지저분해 보인다.

5, 6년 전에 검버섯을 제거하는 미용 시술을 받았다. 레이저로
검버섯을 태워버리는 시술이다. 늙어빠진 얼굴에 줄 긋는다고 호
박이 수박될까 싶어 아예 생각도 안 하고 살아왔는데, 가족들이 보
기 흉하다며 자꾸 시술을 권했다. 검버섯만 사라져도 60대 후반으
로 보일 것이라는 가식적인 거짓말을 자꾸 듣다 보니 어느 날부턴

가 목욕탕 거울에 얼굴을 이리저리 비춰 보며 검버섯이 몇 개나 되는지 세어보는 습관이 생겼다. 어림잡아도 50개는 넘을 듯싶었다.

구체적인 개수가 인식되자 그때부터는 거울만 보면 검버섯이 주먹만 하게 보이기 시작했다. 검버섯은 미용적인 시각에서 보기 흉하다는 것뿐이지 그 자체로 무슨 염증이나 피부 질환을 일으키는 것은 아니다. 자외선이 주된 원인으로 20대에도 얼마든지 생길 수 있다. 그만큼 외부적인 요인과 더불어 유전이라는 내부 요인이 크게 작용하는 피부 질환이다.

문제는 사람 마음이다. 내 얼굴에 핀 검버섯이 독버섯처럼 느껴졌다. 왜 그동안 이놈의 존재를 모르고 떳떳하게 얼굴 내밀고 돌아다닐 수 있었을까, 나 자신이 그렇게 한심스러울 수가 없었다. 없애야겠다고 마음먹었다.

그런데 선뜻 가족들에게 말을 꺼내기가 어려웠다. 검버섯 수술 좀 받으라는 말에 인간이 나이 들어 제일 추잡한 짓이 껍데기에 돈 들이는 짓이라고 일장 연설을 토한 적이 있기 때문이다. 그 일로 아내와 대판 싸운 직후여서 실실 웃으며 검버섯 수술 좀 받아 볼까, 하고 말할 용기가 생기지 않았다.

어느 날 아침, 호기심을 억누르지 못하고 일을 저질렀다. 도서관에 다녀오겠다면서 시내 피부과를 찾은 것이다. 이곳은 아내가 기미와 점을 뺀 피부과로 내가 몇 번인가 데려다 줘서 그나마 낯이 익다. 이른 아침이라 사람도 없고 곧장 원장과 상담했다. 비싸면 안 해야지, 라고 생각했는데 검버섯 한 개를 없애는데 고작 5천 원밖에 안 한다는 얘기를 듣고 충동적으로 그 자리에서 시술을 받았다.

마취 연고를 얼굴에 펴 바르고 레이저로 살가죽을 태우자 구수한 냄새가 났다. 내 얼굴이 익어가는 소리다. 뼈만 남은 노인네라 가죽 타는 냄새가 나서 그렇지 젊고 싱싱한 아가씨들이 박피나 점을 뺄 때라면 1등급 한우 살치에 버금가는 기름내가 피부과에 가득 번지겠구나 생각했다.

20분이 채 안 돼 시술이 끝났다. 따가워 죽을 것 같은 얼굴로 집에 돌아가자니 뭐라고 변명해야 좋을지 감이 안 섰다. 얼굴이 어찌나 따가운지 시간이 지날수록 변명이고 창피고 생각할 겨를이 없었다. 약국에 들러 연고와 항생제를 사자마자 무단횡단으로 길을 건너 맞은편 주차장에 세워둔 차에 올라탔다.

집에 도착하자 아내는 내 얼굴을 보고도 놀라지 않는다. 내가 피부과에 가는 줄 알았다고 귀신같이 알아맞혔다. 시술은 할 만했느냐고 물으면서 요 며칠 화장실에서 나올 생각을 안 하는 걸 보고 샘 많은 성격에 무슨 일이든 또 저지를 것 같았다고 웃는다. 이럴 때는 내 마음을 잘도 알아준다.

따가워 미칠 지경이었지만, 할 만하다, 당신만 예뻐지고 젊어지라는 법 있느냐고 큰소리쳤다. 아내는 딱지가 떨어지고 새 살이 돋으면 눈썹 옆에 난 점도 빼자고 말했다. 이 점이 재수가 없다는 소리였다. 이왕 얼굴을 태운 김에 눈 밑 지방도 빼고 이마 주름이랑 팔자 주름도 펴자고 하는 게 아닌가.

아내 성화에 못 이겨 검버섯을 태운 것이라면 그 소리에 기를 쓰고 덤볐을 텐데, 충동적으로 피부과에서 돈을 쓰고 온지라 둘러댈 말이 얼른 생각나지 않았다. 그래서 사마귀처럼 커다란 점은 빼겠다, 하지만 주름은 안 된다, 왜냐, 내 얼굴에 그어진 주름은 내 파란만장한 삶이 흘린 눈물이니까. 죽기 전까지 이 눈물은 절대로 닦지 않겠다고 말했다.

그 말이 멋있었는지 아내는 웃으며 그러자고 했다. 나중에 하게 되는지 안 하게 되는지 두고 보자는 경고는 잊지 않았지만.

요새 또 얼굴에 검버섯이 여러 군데 생겼다. 피부과에 가서 상담도 받았다. 검버섯을 태우면 며칠간 씻지도 못하고 따가움과 가려움을 견뎌내야 한다. 그까짓 검버섯도 이토록 사람을 괴롭히는데, 턱 깎고 코 세우는 여자들은 얼마나 고통스러울지 짐작이 안 된다. 내가 남자라서 그런지는 몰라도 여자에 대한 동경이 있다. 여자들은 애도 낳고, 턱도 깎고, 코도 세우고, 눈도 찢고, 가슴에 실리콘도 집어넣는다. 거듭 새로운 존재로 자기를 확장시키는 것이다. 동물계의 아메바 같다. 아메바라는 생물은 죽을 때가 되어서 자기 몸에 싫증이 나면 세포분열로 몸을 둘로 나눠 옛날 몸뚱이는 버리고 새 몸으로 옮겨 탄다. 여자가 꼭 그런 것 같다.

의사에게 주름이 보기 흉하냐고 물었다. 내 나이에 이만하면 관리 잘 하신 거라고 한다. 연세에 비해 너무 정정하시다면서 비결이 뭐냐고 묻는다. 비결을 가르쳐 주기 전에 '너무'라는 부사는 비관적인 문장에서나 쓰는 말이니 내가 정정해서 좋게 보였다면 '너무'가 아니라 '정말'이라고 말하는 게 맞는 표현이라는 쓸데없는 참견도 잊지 않았다. 이어서 담배 많이 피우고, 술 많이 마시고, 고기 많이 먹고 운동하지 말라고 가르쳐 주었다. 의사가 농담도 잘 하신다며 웃는다. 그러면서 하는 말이 웃기는 분들이 장수한다고 아는 척을 한다.

내가 남들보다 웃기게 살았다는 건 인정한다. 그리고 나는 실제로 웃긴다. 남을 잘 웃긴다. 재미있는 일을 '너무' 좋아한다. 재미있는 일만 '너무' 좋아하다 보니 돈 때문에, 사람 때문에 재미없는 일들을 '너무' 많이 겪었다. 그때마다 내 마빡과 눈 밑과 입술 가장자리에 주름이 생겼다. 슬픈 일이 너무 많은데, 아픈 일이 너무 많은데 그걸 내가 알아주지 못하니 눈에서는 눈물이 흐르지 않고 대신 이마에서, 콧잔등에서 눈물이 흘러내린 것이다.

주름 수술은 차마 못할 것 같다. 눈 밑 지방은 주사 몇 방으로 아프지 않게 빼내 주겠다고 의사가 약속했기에 갈등하고 있지만, 아내가 고추밭에 난 잡초 뽑듯 말끔하게 정리해 놓은 머리는 가발도 있고 하니 나중에 어떤 변수가 생길지 모르겠지만, 내 인생이 흘린 눈물만큼은 지우지 않고 떠나고 싶다.

내가 나한테 해준 게 너무 없다. 좀 더 편하게, 안정되게, 남들처럼 돈 많이 벌고 출세해서 떵떵거리며 사는 길도 있었을 텐데, 그 길에 가차 없이 침을 뱉고 위험한 길, 고된 길, 가난한 길만 골라서 걸어온 내가, 그 긴 시간 동안 죽지 않고 살아서 그 길을 동행해 준 내 인생에게 해줄 수 있는 일은 이마에 패인 주름 몇 가닥

을 기억해 주는 것이 고작이기에 차마 이 못난 주름을 지울 수가
없는 것이다.

내 인생을 위한
총천연색 무지개

"오늘 하루를 자극적으로 사는 것이야말로 건강한 노후를 위한 최대 비법이다. 놀 줄 아는 사람의 마음은 늙지 않는다."

영국 낭만주의를 대표하는 시인 윌리엄 워즈워스는 『무지개』라는 시에서 다음과 같이 노래한다.

저 하늘 무지개를 바라보노라면
내 가슴은 뛰노라
나 어린 시절에도 그러했고
어른인 지금도 그러하고
늙어서도 그러하리
그렇지 못하다면 차라리 죽는 게 나으리!

행복한 노후를 꿈꾸지 않는 사람이 있을까. 그렇다면 제일 먼저 신경 써야 될 문제는 앞서 말한 대로 감정의 노화다. 감정이 늙도록 내버려 두지 않는 것이 처음이자 끝이다. 나이가 들수록 젊어서보다 더욱 자극적인 인생을 계획하고 도전해야 되는 까닭이다.

나이가 들면 뇌는 늙는다. 기능이 저하되는 것은 피할 수 없다. 그러나 외부에서의 인풋(input)을 꾸준히 늘려 간다면 아웃풋(output), 다시 말해 내 안에서 바깥으로 뻗어가는 좋은 감정들, 건강한 마음의 기력은 잃지 않고 유지시킬 수 있다. 아니, 전보다 더 발전시켜 나갈 수가 있다.

나이 먹고 시골에 내려가 은거하거나, 퇴직하고 연금 타먹으면서 동남아 여행을 하는 것이 안정된 노후, 행복한 노후, 남들이 부러워하는 노후라고 착각하는 사람들이 많은데, 그랬다가는 마음이 대책 없이 늙어간다. 노후 자금도 넉넉하고, 아픈 데도 없고, 자식들도 속 안 썩이고 잘 살아주고 있음에도 불구하고 마음 한구석이 괜히 허전하고, 이렇게 살면 뭐하나 싶어진다. 오늘이 어제 같고 내일도 오늘 같을 것이라는 생각에 사는 게 재미없다. 우울증, 치매가 오고, 죽는 날만 손꼽아 기다리는 처량한 신세가 된다. 좀 심한 말로 배부르고 등 따스운 복에 겨워질수록 인간은 도살장에 끌려갈 날만 기다리는 '걸귀(乞鬼)'가 되는 것이다.

사람에겐 목표가 있어야 한다. 죽을 때까지 목표가 있어야 한다. 암에 걸려 죽게 생겼으면 어떻게 해야 덜 아프게 죽을까를 목표 삼아야 하는 것이다. 그렇지 않고서는 늙어 맞이하는 하루하루가 무의미하다. 세상에 무의미한 하루처럼 비참하고 슬픈 것은 없다. 그런 날이 쌓여가는데 우울해지지 않을 사람이 없다. 반대로 내가 하고 싶은 일, 좋아하는 일, 즉 '목표'라고 부를 수 있는 무지개가 눈앞에 있을 때는 가슴이 뛴다. 그렇게 뛰는 마음은 절대로 늙지 않는다.

나는 워즈워스가 말한 무지개가 '할 일'이라고 생각한다. 오늘 하루 할 일이 있다는 건 목표가 있다는 뜻이다. 먹고 싶은 게 생기면 집에서 만들어 먹는다. 돈 주고 식당 가서 사 먹는 건 목표가 될 수 없다. 주방에 들어가 귀찮아도 몸과 머리를 움직여 요리에 도전해 보는 것, 별 것 아닌 애들 장난처럼 느껴져도 생활에 자극이 된다. 그게 귀찮다면 돈 생각하지 말고 무지하게 비싼 식당에서 최고급 요리를 주문해 먹겠다는 목표를 세운다. 그리고 한두 푼씩 용돈을 아낀다. 버스비 천 원이라도 아낄 요량으로 한 정거장 더 걸어가는 식으로 꼭 해야 될 일, 지켜야 될 일을 만들어보는 것이다. 또 해외여행을 떠난다면 필리핀, 태국 같은 곳이 아니라 과감히 남극 정도는 가보자, 라고 계획한다. 설혹 그 계획이 실패하더라도 도전했다는 것, 목표로 삼고 낯선 것들에게 접근해 봤다는 경험이 매일 똑같이 반복되는 지루한 일상에서 탈피시켜 준다.

교제도 그렇다. 가족과 세상 눈치를 볼 필요가 없다. 마음에 드는 이성이 나타나면 아내가 있건 말건, 남편이 있건 말건 적극적으로 구애한다. 아침 드라마처럼 불륜이라도 저지르라는 게 아니라 이 무미건조한 반복적인 일상에 새로운 무지개가 되어줄 이성

친구를 사귀어보자는 뜻이다. 그런 의미에서 유흥업소 출입도 나쁠 게 없다. 적어도 마음의 건강을 위해서는 나쁘다고 생각하지 않는다. 내가 힘들게 벌어서 모은 돈이다. 어떻게 쓰든, 어디다 쓰든 누가 간섭할 문제가 아니다.

네덜란드의 문화학자 하이징어는 인간을 '호모 루덴스'라고 정의했다. 라틴어로 '놀이하는 인간'이라는 뜻이다. 인간의 본바탕이 '놀이'에 있다는 주장이다. 놀이는 인간의 원초적 감성이다. 나이 들어 놀이를 사양해서는 안 되는 이유다. 그런 뜻에서 앞서 말한 '할 일'이란 기본적으로 놀이가 될 것이다. 오늘 하고 싶은 놀이를 매일처럼 생각해 내는 것이다. 거기에 도덕과 상식은 없다. 지금껏 남들 눈치보고 양보하고 고생하며 버텨 온 것으로 충분하다.

'마음의 건강'을 유지하는 최고의 비법은 결국 자기가 좋아하는 일, 하고 싶은 일을 놀이 삼아 하는 것이다. 오늘 하루 자극적으로 살아가는 것이야말로 건강한 노후의 최대 비법인 셈이다. 놀 줄 아는 사람의 마음은 늙지 않는다.

기껏해야 노는 게 목표라니, 무슨 망발이냐고 생각할지도 모르지만 막상 놀아보려고 하면 뜻대로 되지 않을 때가 많다. 놀이라는 '아웃풋'을 위한 '인풋'이 축적되지 않았기 때문이다. 인풋은 외부 자극에서 얻어지는 생각의 변화다. 바깥과의 접점을 만들어두라는 이야기다. 내 안에 고립되지 말고 바깥에서 고독이 느껴지더라도 여기저기 기웃거리고, 익숙한 곳, 익숙한 사람들이 아닌 처음 가보는 곳, 살면서 만날 일이 거의 없던 이들과 얼굴을 마주하는 기회를 자꾸 만들다 보면 이제는 숯이 되다 못해 재가 되었다고 여겼던 마음의 불씨가 다시금 빨갛게 타올라 빨주노초파남보 일곱 빛깔 무지개를 남아 있는 시간들 위에 덧칠할 수 있을 것이다.

4부

폭주하라, 인생 후반전!

머리 검은 짐승을
조련하는 법

....

"부모라는 존재가 정육점에 걸린 등심이 되어 버렸다. 각자 가진 돈에
따라 1등급 등심으로 자녀에게 팔리거나, 등급 외 처분을 받아 당신은
부모로서의 가치가 없다는 통보를 받고 쓸쓸히 독거(獨居)에 진입하게
되거나 한다."

요즘 한류가 유행이라는데 드라마를 보면 걱정이 앞선다. 드라
마를 보고 있으면 한국 가정은 배 다른 형제들이 난무하는 출생의
비밀, 불륜의 천국이 아니면 시어머니와 며느리의 처절한 결투가
끝없이 펼쳐지는 야생의 먹이사슬 같기 때문이다.

그런데 이를 두고 꼭 텔레비전 화면 속 얘기라고만 할 수 없
다. 자식, 며느리에게 매 맞는 노인이 하루 평균 100여 명이나 된
다는 조사 결과가 있기 때문이다. 당연히 반대의 경우도 있다. 임
신 팔 개월에 접어든 며느리를 다섯 살 손자가 보는 앞에서 목 졸
라 살해한 시어머니 때문에 한바탕 난리가 났던 것을 기억한다.

옛말에 머리 검은 짐승은 거두는 게 아니라고 했다. 머리 검은
짐승이란 바로 사람이다. 개도 먹이를 주는 주인의 손은 물지 않

는 법인데 사람은 열 달간 뱃속에 품고 키워낸 부모를 물어뜯는 정도가 아니라 아주 골을 빼먹으려 든다. 돈이 전부인 자본주의 사회에서는 혈연보다 강한 것이 물질이다. 돈이 넉넉하면 부모 대접을 받고, 돈이 없으면 변두리 쪽방의 전기도 끊긴 찬방에서 담요를 두르고 버티다가 얼어 죽는 수가 있다.

오죽하면 아들 셋 가진 부모는 길바닥에서 횡사한다고 한다. 큰아들 집에서 둘째 집으로, 다시 셋째 집으로 정처 없이 유랑 생활을 하다가 지쳐 죽고 만다는 것이다. 농담으로 듣고 웃어넘길 이야기가 아니다.

부모 재산이 넉넉하다고 해서 참변이 발생하지 않는다는 보장은 없다. 한 푼이라도 더 뜯어내려고 부모를 법원에 고발하고, 형제를 판사 앞에 세워놓는다. 형제가 많은 집에서는 서로 부모를 모시겠다고 싸움질이다. 낳고 키워준 은혜를 갚기 위해서가 아니다. 법적으로 부모를 모신 자녀는 재산 분할 시에 그만큼 돌아가는 액수가 많기 때문이다. 그래서 서로 부모를 자기 집으로 데려가겠다고 싸움을 벌인다.

부모라는 존재가 정육점에 걸린 등심이 되어버렸다. 가진 돈에 따라 1등급 등심으로 자녀에게 팔리거나, 등급 외 처분을 받아 당신은 부모로서의 가치가 없다는 통보를 받고 쓸쓸히 독거에 진입하게 되거나 한다. 사정이 이러한데 나이 든 부모라고 가만히 앉아서 당할 수만은 없다. 미리 유서를 써서 돈 문제를 깔끔하게 해결해 놓으려고 시도한다. 늙어서 자녀 덕도 보지 않고, 뒤치다꺼

리도 더 이상 없다며 결혼시켜 집 한 채 마련해 주고 나도 너에게 효를 구하지 않을 테니 너도 나한테 돈을 구하지 말라고 딱 잘라 선을 긋는 가정이 늘고 있다.

어떤 상황이든 정상의 범주는 아니다. 바람직한 가족의 모습은 결단코 아니다. 이 꼴을 보려고 돈은 돈대로, 정성은 정성대로 쏟아 자식 키운 것은 아니다. 돈 앞에서 인정머리 없이 가식이나 떠는 자녀를 보며 부모는 상처를 받는다. 자기가 받고 있는 상처만을 보려 한다. 그런데 앞서 한 가지 생각해 볼 것이 있다. 내 자녀가, 내 집안이 왜 이렇게 되었느냐다.

그 유명한 아인슈타인이 상대성 원리를 말했다. 인간사 상대성이라는 것이다. 부모를 돈으로 알고, 부모를 방바닥에 패대기치는 막장 아들, 딸, 며느리, 손자가 세상에 등장하는 까닭은 전적으로 우리 탓이다. 학교가 그렇게 만든 것도 아니고, 돈만 아는 세상이 그렇게 만든 것도 아니다. 나쁜 친구를 사귀어서 그리 된 것도 아니다. 내 뱃속에서 나온 내가 맺은 열매다. 열매를 보고 나무를 아는 법이다. 포도나무에 포도가 열리고 복숭아나무에 복숭아가 열린다. 선인장에 가시가 돋는 것은 자연의 위대한 섭리다.

내가 돈처럼 굴었으니 자식들이 늙은 아비를 돈으로 여긴다. 사람으로 안 보고 돈으로 여긴다. 아이들 앞에서 엄마가 식모처럼 하녀처럼 굴며 다른 것 다 필요 없고 좋은 학교 나와서 좋은 직장만 얻으면 너에게 이 애미는 더 이상 바랄 게 없다는 식으로 조기교육을 시켜 놓았으니 아이들이 결혼해서 자식을 낳고도 엄마가 아픈데, 쓸쓸하고 외로운데 찾아와주지를 않는다. 엄마가 시키는 대로 좋은 대학 나와서 좋은 직장 다니고 있는데 나를 왜 찾아왔냐는 식이다. 나의 유전자를 물려받은 아들, 딸이 그 모양인데 며느리가 시부모를 온전히 섬길 리 없다. 사위가 처가 알기를 코에 든 바람처럼 뱉어내는 것이 당연하다. 어디 가서 하소연할 데도 없다. 온전히 가슴으로 상처를 삭힌다. 약도 없고, 고쳐 줄 의사도 없으니 자식에게 받은 상처는 영원히 아물지 않는 생채기로 눈만 뜨면 피가 흐른다.

이제 와서 까만 머리가 희끗해지는 아이들을 다시 가르칠 수도 없는 노릇이고, 그만한 기력도 남아 있지 않다. 이대로 당하고 살기에는 서럽고 후회스럽다. 먹고사느라 자식 놈 똑바로 못 가르친 책임을 지겠다는 의미에서 죽기 전에 내가 번 돈이라도 제대로 나눠보자.

이건 어디까지나 나의 개인적 의견이므로 그냥 참고만 하면 좋을 것 같다. 첫째건 둘째건 나를 모셨든 안 모셨든, 며느리가 싸가지가 있건 없건 재산의 30퍼센트를 자식들 몫으로 남겨서 똑같이 나눠 준다. 단, 아들에게만 주는 게 아니라 며느리 몫, 사위 몫, 손자 몫으로 하나하나 열거해서 모두 똑같은 액수를 받도록 유서를 쓴다. 내 핏줄을 한 점이라도 물려받은 이상 모두 똑같은 내 자식이고, 세상에 열 손가락 깨물어 더 아픈 손가락, 덜 아픈 손가락은 있을지언정 그 아픔을 드러내지 않겠다는 뜻에서 모든 자녀들, 손자들에게 같은 액수가 돌아가게 하는 것이다.

이어서 50퍼센트는 배우자 몫이다. 내가 쌓은 생애의 반절은 배우자가 동참한 결과이므로 이것은 법적인 권리이기도 하다. 주는 것이 마땅하다. 이혼 경력이 있다면 양심껏 전처, 전남편에게도 얼마간 떼어주자. 원수가 되어 헤어졌을지라도 함께 살아온 동료로서의 시간이 있다. 빈손으로 떠나는 마당에 지상에 미움까지 남기고 갈 필요는 없다.

이제 남은 것은 20퍼센트다. 친구들, 나를 도와준 사람들, 내가 돕고 싶은 사람들에게 돌려준다. 세상에 자기가 잘나서 혼자 먹고 산 사람은 없다. '함께'였기에 내가 살아갈 수 있었다. 그리고 이 마지막 20퍼센트의 유산 배분이야말로 자녀들에게 마지막으로 깨우침을 줄 수 있는 부모의 도리라고 생각한다. 처음에는 그 돈을 못 받아서 속이 부글부글 끓을지도 모르나 살다보면 언젠가는 부모님이 왜 그런 짓을 했는지 이해하게 되는 순간이 반드시 찾아온다. 내가 얄미워서 노인네들이 그랬나 싶다가도 정말로 짐승이 아니고서야 함께 사는 세상에서 타인의 존재에 감사하게 되는 순간이 있게 마련이다. 그럴 때면 아, 하고 떠나간 부모님이 생전에 남긴 마지막 20퍼센트가 생각나게 될 것이다.

돈으로 해줄 수 없는 가르침이 있고, 돈과 바꿀 수 없는 부모의 사랑이 있다. 자녀가 그것을 매로 여기든, 치를 떨며 이를 갈든 부모에겐 부모로서 해야 될 도리가 있다. 자식들 눈치 보지 말고 최후의 순간만이라도 부모답게 자신의 권리를 행사하는 것이 중요하다. 그런 마음가짐으로 각오를 다진다면 내 인생이 마치 자식의 삶을 위한 퇴비처럼 여겨지는 상실감에서 벗어날 수 있다. 내 뜻대로 되지 않는 자녀의 모습에 상처 받지 않을 수 있다. 저 아이들은 완벽하지 않으므로 내가 죽기 전까지 가르쳐야 될 것이 있다는 부모로서의 입장을 망각하지 않는 한, 세상의 모든 부모는 자녀에게 상처 받지 않고 살아갈 수 있다.

세상에서 가장 비참한 것

"나이듦이 억울한 이유는, 나이 든다는 게 겁나는 이유는, 내가 소녀처럼 감수성이 예민해졌기 때문일 것이다."

집 앞이 백운산 자연 휴양림이다. 강원도가 확실히 산세는 좋다. 돌아다니다 보면 온통 산과 골짜기로 넘실거린다. 동네 야산이 휴양림이고 국립공원이다. 사정이 이렇다 보니 나 같은 서울 뚜벅이 출신도 산을 타게 된다.

운동화를 신고 산을 올랐다가 몇 번 미끄러진 뒤로는 인터넷에서 스틱도 사고 등산화도 샀다. 동네 앞산임에도 매일 꽤 많은 인파가 찾는다. 아파트 단지 옆이라 그런 것 같다. 매일 아침 9시에 40대에서 60대까지 연령층이 다양한 아주머니들이 한데 어울려 산을 탄다. 한 번 따라가 봤는데 그야말로 날다람쥐가 따로 없다. 정상까지 찍고 오는 두 시간 코스를 중간에 포기했다. 약수터에서 물 한 모금 마시고 그냥 내려왔다. 남자는 나이가 들면 여성호르몬이 증가해서 성격이 치밀해지는 여성화가 진행되고, 여자는 반대로 나이를 먹을수록 남성호르몬이 증가해서 대담해지고 난폭해지는 남성화가 진행된다는 기사를 어디선가 읽고는 말도 안 되는 소리라고 웃었는데, 이 아주머니들을 따라 30분간 산을 타고는 과연 의학적 탐구는 대단하다는 생각을 하게 되었다.

여자들 발뒤꿈치도 못 따라가는 신세가 처량 맞고 불우해서 오후에 산을 타기로 했다. 나처럼 생각한 남자들이 많았는지 오후의 산에는 남자들이 바글바글했다.

남자와 여자가 산을 대하는 습관은 달랐다. 여자들은 전투적으로 산을 올랐다. 값이 꽤 나가는 등산화에 배낭, 스틱, 등산복을 위아래 한 벌로 갖춰 입는 데서부터 경쟁이 시작된다. 처음에 아무것도 모르고 아침 운동이나 해 볼까 싶어 따라나섰던 아주머니들은 그녀들의 '꾼'다운 차림새에 자극을 받아 산을 내려오기 무섭게 핑크빛 등산복과 등산화부터 주문한다.

남자는 다르다. 구두를 신고 산기슭을 어슬렁거리는 중년의 남성도 보았다. 오래된 양복바지 밑단에 흙을 잔뜩 묻히고 돌아다니는 사람도 보았다. 더운 여름에 긴팔 셔츠 소매를 걷어 올리고 복사열이 뜨거운 산중에서 땀을 뻘뻘 흘리는 남자도 있다. 다 그렇다는 것은 아니다. 일요일에 집 근처 대형 마트에 갔더니 여기가 치악산 등산로 입구의 파전 가게인가 싶을 만큼 돌아다니는 사람마다 등산복에 등산화를 신고 있다. 산에 가려는 사람도 있겠지만, 대부분은 등산복을 외출복으로 입고 온 것이다. 부부가 나란히 등산복을 맞춰 입고 마트에 와서 장을 본다. 등산화도 척 보기에 좋은 걸 신었는데 흙이 하나도 안 묻은 새 거다. 그 꼴이 얼마나 우습던지 앞으로는 기분 나쁜 일이 있을 때마다 마트에 와서 등산복 입고 장 보는 군상들을 구경하면 되겠다고 생각했다.

등산복은 비싸다. 거품이라는 비난도 만만치 않지만, 그래도 구매자가 있으니 가격을 올려 받는 판매자를 욕할 수는 없는 노릇이다. 시장경제에서 가격이 마음에 안 들면 싼 걸 입으면 된다. 싼게 싫으면 돈 벌어서 비싼 걸 입으면 된다. 남이 비싸게 팔겠다는 걸 굳이 나도 사 입어야겠으니 싸게 팔아달라고 자기 주머니 사정을 들먹이며 강요해서는 안 된다. 그건 사회와 시장이 알아서 할 일이고 개인의 책임은 다른 데 있다. 타인에 대한 배려이자 자기 자신에 대한 예의로서, 상황에 맞는 옷을 입고 다니는 것은 기본 중의 기본이다.

산을 오르면서 구두에 셔츠를 입는 것도 문제지만, 산에 가지도 않을 거면서 지금 당장 백두대간 종단이라도 떠날 것 같은 옷차림으로 마트 시식대에서 녹말 이쑤시개로 소시지나 주워 먹는 꼴도 여간 같잖은 게 아니다. 겨울이 되니까 너도나도 등산용 패딩 점퍼를 애부터 노인네까지 약속이나 한 것처럼 전부 입고 다닌다. 따뜻하다는 실용도 무시할 수 없다. 오리털, 거위털로 속을 꽉 채운 패딩을 입고 있으면 시베리아 한복판에 떨어뜨려 놔도 얼어 죽지 않는다는 오만함이 북받쳐 오른다. 겨울과 맞서 싸우고 싶어진다. 지구를 뜨겁게 데우고 있다는 엘니뇨가 걱정스럽고, 해마다 겨울철 온도가 오른다는 뉴스를 접할 때면 비싼 돈 주고 산 패딩을 입을 기회가 줄어드는 건 아닌지 염려된다.

'등골 브레이커'라는 말을 아시는지. 요즘 중·고등학생들을 두고 유행하는 말이다. 우리 집 근처에도 중·고등학교가 붙어 있는데 겨울에 교복 상의를 제대로 입고 다니는 아이들이 없다. 전부 패딩 점퍼다. 그것도 약속이나 한 것처럼 외국제 특정 메이커 제품이다. 처음엔 그게 교복인 줄 알았다. 세상이 좋아져서 이제는 겨울용 교복이 저리도 두툼한 점퍼가 되었구나, 생각했더니 100만원은 우습게 넘기는 전문 산악용 패딩 점퍼라는 것이었다. 아들내미, 딸내미가 학교에서 꼬락서니로 무시 당하지 않게 해주려면 부모는 100만원짜리 잠바떼기를 사줘야 되는 것이다. 부모 등골이 휘어지다 못해 부러지는 것은 당연지사다. 그래서 '등골 브레이커'라는 말이 생겨났다고 한다.

아이들은 용서가 된다. 하지만 어른은, 그것도 노인은 용서가 안 된다. 가뜩이나 하루하루가 똑같은 날, 똑같은 흐름으로 사라지고 지워지는 번민과 권태의 나날 속에서 옷 한 벌이라도 제대로 입고 돌아다니는 감동의 찬스를 만들어내야 하기 때문이다.

그런 점에서 먹을 걸 찾아 동네 슈퍼마켓을 기웃거리더라도 연예인처럼 전신 거울에 자기 몸을 비춰가며 위아래 색깔을 맞춰보고, 치마를 입었다 바지를 입었다 방 안에 옷을 수두룩하게 쌓아놓는 우리 집사람은 내게 많은 가르침을 준다. 젊어서는 그게 참 불만이었다. 약속 시간이 급박하게 다가왔는데도 방에서 나올 생각을 안 한다. 뭐하고 있나 들여다보면 옷이란 옷은 죄다 꺼내 놓고, 안방이 무슨 패션쇼 백스테이지라도 되는 줄 아는지 쉴 새 없이 옷을 갈아입고 있다. 집사람만 그런 게 아니라 여자들 대부분이 그럴 것이다.

나이가 들면 남자 몸에서는 여성호르몬이 생성된다고 한다. 이왕이면 소녀적 감수성이 내 안에서 솟아났으면 좋겠다. 겉모습은 머리도 다 빠지고 쭈글쭈글하게 말라붙은 장작개비 같더라도 의학계의 주장처럼 나의 늙은 몸 어딘가에서 여성호르몬이 만들어져 작은 것에 감동하고, 낙엽 떨어지는 것만 봐도 까르르 웃고, 나와 똑같은 옷을 입은 늙은이와 거리에서 마주친 날은 하루 종일 기분 나쁘고 우울해지는 불온한 감정이 되살아났으면 좋겠다. 무기력하게 소비되는 일상이 재미있어서 견딜 수 없게 사랑스러워졌으면 좋겠다.

혹은 나는 이미 소녀가 되었는지도 모르겠다. 나는 이미 변했는데 나 혼자 그 변화를 못 알아차리고 예전과 똑같은 모습으로 생존하기를 용쓰는지도 모른다. 그래서 사소한 말 한마디에 상처를 받고, 억울하고, 화가 나는 것인지도 모른다. 나이듦이 억울한 이유는, 지금보다 더 나이 든다는 게 겁나는 이유는 내가 소녀처럼 감수성이 예민해졌기 때문일 것이다. 사람들이 나를 무시하는 것처럼 눈치가 보이고, 별 것 아닌 일에도 파르르 살이 떨리며 화를 내게 되는 까닭은 내가 어려졌기 때문이다. 그래서 요즘 나이 든 사람들이 모두들 고등학생처럼 똑같은 패딩 점퍼를 입고 다니는 지도 모르겠다.

그 나이 먹도록
그런 것도 몰라?

"우리 몸은 내가 아무 생각도 않고, 낯섦에 관심을 보이지 않으면 이 인간도 갈 데까지 갔다라고 판단해서 스스로 생명의 순환을 놓으려 한다. 그러므로 오래 살고 싶다면 내 몸에게 더 살아야 되는 이유를 납득시켜 줘야 한다."

미네소타 주(州) 의학 협회는 노인에 대해 이렇게 정의했다.

'호기심도 없고 이상도 없는 무관심으로 영혼이 주름진 사람'

여기서 주목할 점은 '나이'에 대한 언급이 없다는 것이다. 호기심도 없고 이상도 없다면 20대에도 노인이 될 수 있고, 반대로 호기심도 있고 이상도 있다면 70대, 80대에도 노인이 아니라는 소리다.

내 주변의 나이 든 자들에게서 자주 듣게 되는 세 가지 표현이 있다. 첫째는 나도 알 만큼 안다, 둘째는 이 나이에 뭘, 셋째는 내가 옛날에는 말이지…….

그들은 스스로 자신이 늙었다고 말한다. 자기 입으로 배울 만큼 배웠다고 자랑한다. 내일을 기약할 수 없다고 볼멘소리를 한다. 세상이 어떻게 돌아가고 있는지 관심이 없다. 경험을 밑천 삼아 충고와 조언을 해주기보다는 신세 한탄 아니면 젊었을 때 얼마나 잘나갔는지 추억을 팔기에 급급하다.

나는 씻는 걸 별로 좋아하지 않는다. 살이 없어서 발가벗고 씻다 보면 한여름에도 재채기가 나온다. 집에서 온수를 틀고 씻어도 씻은 것 같지가 않다. 그래서 온천에 자주 가는 편이다. 동네 목욕탕은 안 간다. 볼거리도 없고, 수돗물로 씻을 거면 집에서 씻고 말지 돈 아깝게 목욕탕에 가고 싶지는 않아서다.

목욕하러 가는 것도 이 나이에는 여행이다. 돈 들여 계획 세워 떠나는 여행이 아니라 아침에 눈 뜨고 일어나 커피 한 잔 마시다가 몸이 찌뿌둥하다 싶으면 그냥 차 끌고 온천이나 가는 것이다. 이런 짧은 길 떠남은 생활에 큰 활력소가 된다. 단조로울 수밖에 없는 노년의 일상에 새로운 공기를 불어넣어준다.

아쉽게도 원주에는 온천이 없어서 20분 거리의 여주 온천에 다닌다. 아침 10시까지 가면 5천 원이다. 10시 이후는 7천 원이다. 두 내외가 함께 이동하니 열 시 전까지만 도착하면 4천 원을 아낀다. 그 맛에 또 색다른 긴장감이 파생된다.

몸은 뻑적지근하고 막상 여주까지 운전하고 가려니 귀찮고 해서 아침 9시 30분까지 고민에 고민을 거듭한다. 10시까지 도착해야 한다는 마지노선은 가든 안 가든 빨리 결정해야 한다는 심리적 압박감으로 작용한다. 한 번씩 이런 압박을 겪어야 머리 근육이 단련된다.

매주 같은 온천만 다니면 재미가 없다. 횡성도 가보고, 충주도 가보고, 멀리 울진으로 1박2일짜리 여행도 떠나 본다. 조선 땅에서 태어나 80년 넘게 살았건만 아직도 못 가본 동네, 못 가본 명소, 만나지 못한 사람들이 수두룩하다. 해외로 눈 돌릴 여유가 없다. 내 주변에도 내가 모르는 것투성이다.

알 만큼 안다는 말이 입에 밴 사람들은 주로 방구석에 처박혀 있다가 동창이다, 동네 주민회다, 아니면 옛날에 같이 일했던 은퇴한 동료들이 불러내 줘야지만 그럼 한 번 가볼까, 하고 아직도 사람들이 나를 찾아준다는 망상에 어깨를 으쓱이며 집을 나서는 주제다. 그렇게 떠난 여행은 끽해야 국립공원 입구에서 파전에 막걸리를 마신다거나, 벚꽃 축제 주차장에 세워둔 관광버스 뒤편에 멍석 깔고 둘러앉아 플라스틱 숟가락으로 육개장이나 몇 숟갈 퍼먹고 오는 것으로 끝난다. 몸만 지친다. 나랑 비슷한 처지의 하릴없는 방구석 노인네들과 어울려 관광버스에 올라타 두 시간을 달리면 무슨 말이 나올까. 며느리 욕, 마누라 욕, 남편 욕에 요새 젊은 것들은 다 빨갱이라는 둥, 혈압이 150에 몇이다, 당 수치가 몇이다, 누가 죽었다더라, 누구는 왜 안 보이냐고 물어보면 어디가 아파서 병원에 뻗어 있다는, 쌍욕은 아니더라도 듣기에 개차반 같은 너절하고 추한 말들이 오간다. 생의 끝자락에 간신히 매달려 있는 자들의 비명 소리만 들려온다.

세상은 혼자 태어나 혼자 떠나는 기나긴 여행이다. 백 년에 가까운 도정이다. 항상 새로운 것, 신기한 것, 보지 못한 것, 듣지 못한 것, 만나지 못한 것, 해 보지 못한 것, 모르는 것과 마주쳐야 한다. 가만히 쭈그리고 앉아 있으면 젊은이들이, 국가가, 사회가 알아서 자리를 양보해 주는 노약자석이 아니다. 내 발로 걸어가야 하고, 내 눈으로 봐야 하고, 내 귀로 들어야 하고, 내 손으로 만져 보려는 시도가 필요하다. 시도하지 않으면서 겉으로는 이 나이에 뭘, 하고 아쉬울 것 없이 다 이루었다는 듯 신선 같은 표정을 지어보이면서 정작 속으로는 저것들이 내가 늙었다고 아주 대놓고 천시하는구나, 하며 속이 바짝바짝 살아 있어봐야 아무도 알아주지 않는다. 우리 몸은 타인과 똑같아서 내가 가만히 있으면, 아무 생각도 하지 않고, 낯섦에 관심을 보이지 않으면 이 인간도 갈 데까지 갔다라고 판단해서 스스로 생명의 순환을 놓으려 한다. 우리 몸이 더 살 필요가 없다고 판단하는 것이다. 그러므로 오래 살고 싶다면 내 몸에게 더 살아야 되는 이유를 납득시켜줘야 하는 것이다.

어떻게 납득시켜야 할까? 인간의 몸은 변화에 최적으로 적응하는 시스템을 갖추고 있다. 인간의 몸을 지속적으로 유지하기 위한 최고의 연료는 변화다. 환경이 계속 변하고, 생각이 변하고, 감정이 변한다면 우리 몸은 그 변화에 적응하고자 내장과 혈액, 뇌의 활동을 조절한다. 따라서 조절이 끝날 때까지 죽지 않고 살 수 있다. 조절이 끝나면 또 다른 변화로 우리 몸을 긴장시킨다. 그러면 우리 몸은 새로운 변화에 적응하고자 또 일정 기간 자생력을 키우는 것이다. 이런 사이클을 주기적으로 반복하는 자가 장수한다.

요즘은 하도 약발이 좋아서 면상도 다 뜯어고치는 세상이다. 미국의 어떤 여배우는 환갑을 앞두고 자기보다 서른 살이나 어린 남자배우를 사랑하게 되어 전신 성형을 했다고 한다. 이것은 인간의 탐욕이 극에 달한 말세의 모습이 아니다. 얼마나 아름다운 모습인가. 환갑을 앞두고 젊은 남자를 사랑할 수 있는 여자가 세상에 몇이나 될까. 그녀는 젊고 싱싱한 남자들에게 끝없이 추파를 던진다. 단순한 욕망이 아니다. 세상에 대한 관심이며, 자기 안의 여성성에 대한 넘치는 호기심이다. 아무나 전신 성형을 한다고 할망구가 젊어지는 것은 아니다. 성형을 해서 주름이 없어도 늙어보이는 여자가 있다. 새파랗게 어린 여대생임에도 노안이 있다. 마음이 늙었기 때문이다. 얼굴은 마음의 창이라고 했다. 잘나고 못나고를 떠나 인상이 늙어보이는 사람이 있다. 호기심도 없고 이상도 없는 무관심으로 영혼에 주름이 생겼기 때문이다.

나는 어디 가서 내 나이를 솔직하게 고백한 적이 없다. 기본이 열 살은 후려친다. 열 살을 후려쳐도 그쪽에서 나오는 대답은 왜 이렇게 젊으시냐는 것이다. 열 살을 후려쳐도 나이에 비해 젊다는 소리를 듣고 산다. 그때마다 속으로 생각한다. 내 진짜 나이를 깠다가는 아주 까무러치겠구나.

우리 가족은 내가 세상을 모른다고 만날 타박이다. 그 나이 먹도록 '그런 것도 모르냐'고 멸시한다. 그때마다 칭찬받는 기분이 든다. 내 평생의 자랑이 이 나이 먹도록 '그런 것도 모른다'는 것이기 때문이다. 나는 세상을 모른다. 그래서 세상이 궁금하다. 너무 궁금하다.

은퇴한 늙은이의 냄새

"손에 잡히지 않는 꿈을 꿀 시간에 승진과 아파트 시세와 연금보험 수익률을 검색하고 상담하는 것이 발등에 떨어진 불처럼 여겨졌다."

인터넷에서 '아름다운 은퇴 생활'을 검색해 보았다. 처음에는 '은퇴'라는 키워드만 입력했는데, '아름다운 은퇴 생활'이 연관 검색어로 추출되었다. 많은 사람들이 그냥 '은퇴'가 아닌 '아름다운 은퇴 생활'을 궁금해하고 걱정하고 있다는 증거다.

그래서 다시 '아름다운 은퇴 생활'을 검색해 보았다. '실시간 보험료 계산' '연금 저축 손해보험' '일대일 맞춤 상담' '비과세' '유배당' '복리 이자' '원금 보장' 같은 키워드가 전면을 차지한다. '전원주택'이나 '은퇴 이민'도 보였다. 어찌 됐건 노후 자금이 곧 '아름다운 은퇴 생활'의 척도임을 강요하는 것 같아 씁쓸했다. 씁쓸했지만 현실의 야박함과 돈의 많고 적음에 따라 약육강식의 도태가 이뤄지는 시대적 환경을 인정할 수밖에 없는 형편이기에 한편으로는 겁이 나기도 했다.

　돈 잘 버는 아들딸이 용돈으로 한 달에 100~200만 원씩 척척 안겨 준다면 여행도 다니고, 몸에 좋다는 보양식도 사 먹고, 오페라도 구경하고, 예술의 전당에서 고흐나 세잔느의 미술전도 마음껏 가볼 수 있을 것이다. 연금이 150만 원 이상만 돼도 돈 때문에 걱정할 일은 없다. 아파트 한 채에 죽을 때까지 매달 나오는 연금이면 요즘 같은 세상에서는 왕후장상이 안 부럽고, 재벌 CEO가 안 부럽다. 남에게 손 내밀 일도 없고, 어디 가서 이 나이에 몇 시간씩 돌아다니며 시급 알바 뛸 필요도 없는 인생이야말로 현대인의 최종 목표라고 할 수 있다. 세상만사가 돈에 귀결되다 못해 사람 목숨까지 돈이 좌우하는 세상이 되고 보니 누구 한 사람 그 흐름에 반기를 들지 못하고 우리 모두가, 우리로는 부족했는지 우리 아이들에 손주까지 환율과 금리에 울고 웃는 인생극장의 배우가 되었다.

　이 나라가 아파트에 목을 매는 것도 노후에는 돈 걱정 좀 안 하고 싶은 늙어가는 인간들의 욕망 때문이다. 2억짜리 아파트를 분양받아 4억, 5억으로 오를 때까지 값어치를 상승시키려고 갖은 애를 쓴다. 강남 가는 지하철 유치를 위해 시청에서 부녀회가 확성기를 틀어놓고, 학군 좋은 초·중·고등학교의 품위를 유지하려면 가난한 임대 아파트 아이들은 우리 동네에서 멀리 떨어진 곳에 가서 살도록 해야 한다. 어차피 애들 졸업하고 회사 퇴직하면 강남 갈 일도 없고, 아파트 근처에 학교가 있어봐야 시끄럽기만 할 뿐인데 분양받을 때는 이런 조건들을 필수로 따진다. 왜냐. 내가 2억 주고 산 아파트를 나보다 젊은 사람들, 지하철 타고 강남에 갈 일이 많고, 자녀를 학교에 보내야 하는 사람들에게 4억 주고 팔아야 하기 때문이다.

그처럼 계산된 믿음을 밑천 삼아 3년 거치 30년 상환으로 인생의 3분의 1을 담보 잡히고 100만 원 가까운 돈을 매달 이자로 지급한다. 그렇다면 2억 주고 산 아파트를 4억에 팔아치우고 무엇을 할 텐가. 노후 자금이다. 아파트의 환금성이 세계에서 유례를 찾아보기 힘들 정도로 양호한 이 나라에서, 평범한 직장인이 공기 좋은 시골에 단독주택을 짓고 억눌렸던 인간사의 인연에서 벗어나 완전한 개인으로 돌아갈 꿈을 실현시켜 주는 복주머니는 아파트뿐이다.

쉰이 조금 넘은 나이에 권고 퇴직을 받아들이는 대신 퇴직금을 두둑이 받고 아파트를 팔아 시골로 내려간다. 고추 농사지을 땅도 사고, 조립식 스틸 하우스로 외국영화에서나 보던 2층집을 지었다. 그리고 시골 사람들과 끊임없이 충돌하며 예상치 못했던 고립과 낙오의 생활에 절망한다. 눈만 뜨면 잡초, 새벽에 문만 열면 텃밭에서 고라니다.

새로운 환경을 꿈꾸며 시골에 내려가도 문제와 직면하고, 살던 대로 살아도 축적된 불만은 점점 더 무거워진다. 노후 자금이 넉넉해도 불화와 갈등과 초조와 절망의 빌미는 사라지지 않고, 노후 자금은 고사하고 칠순에 50대 자녀를 도와줘야 하는 형편이라면

'사는 게 웬수'라는 말이 입에서 떠나지 않는다.

이쯤에서 우리가 가장 순수했던, 패기 넘쳤던, 거칠 게 없었던 시절을 떠올려 보자. 10대 후반, 20대 초반에는 겁이 없었다. 인생 따위는 무섭지 않았다. 여차하면 죽기밖에 더 하겠나, 라는 담대함이 있었다. 굶어 죽어도 나답게 살고 싶었다. 억척스레 돈을 모아 집을 사고, 아이를 낳고 부모가 되어 늙어가는 남들 다 가는 길이 우습고 하찮게 보였다. 감동을 주며 살고 싶었다. 내 안에 엄청난 예술적 재능이 웅크리고 있는데 세상이 아직 몰라주고 나를 만만히 여기는 것이라고 자위했다. 한 편의 연극이든, 영화든, 소설이든, 음악이든 나를 표출할 수 있는 뭔가를 붙잡아 보란 듯이 터뜨리고 싶었다. 나를 발가벗기려고 달려드는 관습과 강제로 등에 올려놓은 책무가 싫어 은둔과 방랑을 상상하기도 했다. 그 시절엔 '세상'과 '세계'가 다른 의미였다. 세상은 억압이었고, 세계는 내가 만들어나가야 할 나 자신이었다. 세상을 버리고 세계를 찾고 싶었다. 세상에 익숙해져 세상의 한 조각이 되기보다는 어리고 작은 내가 하나의 세계로 완성되기를 바랐다. 나의 세계로 세상 사람들을 바꿔놓겠다고 한 번쯤 망상해 보지 않은 사람이 없을 것이다.

나는 내 삶에 만족하는가, 지금의 나로는 충분한가, 라는 질문을 스스로에게 던져 본다. 어디서부터 잘못된 것일까. 아니면 뭔가 시작조차 하지 않은 것일까.

거대한 세상과 비교해서 나는 가소로웠고, 손에 잡히지 않는 꿈을 꿀 시간에 승진과 아파트 시세와 연금보험 수익률을 검색하고 상담하는 것이 발등에 떨어진 불처럼 여겨졌다. 백화점 에스컬레이터를 타고 2층에서, 3층, 4층, 5층, 6층 매장을 차례로 들르듯 20대에서 30대, 40대, 50대, 60대가 되었다. 규격이 정해진 현대인의 삶은 신세계백화점 코너를 닮았다. 층별로 구입해야 할 품목과 필요한 돈이 영수증에 적혀 지급된다. 내가 무엇을 원했는지, 좋아했는지는 중요하지 않았다. 매장별 상품을 구입한 카드 할부금를 적시에 대납할 수 있는지가 중요하다. 허무한 것은 매장을 나왔더니 차도 안 다니는 텅 빈 횡단보도에 나 혼자 덩그러니 남겨져 있더라는 것이다.

출구뿐인 매장 현관에는 종류별 분리수거 쓰레기통만 늘어서 있다. 거기에 자존심도 버리고, 욕심도 버리고, 건강도 버리고, 자녀에 대한 기대도 버리고, 배우자의 위로도 버리고, 친구도 버리라고 쓰여 있다. 괜히 매장 밖을 멋대로 돌아다니다가 붙잡히기라도 하면 내 의사에 상관없이 폐기물 처리장으로 끌려갈 우려가 있다며 '지금껏 악착 같이 지켜온 격'이라고 적혀 있는 종량제 봉투를 하나씩 나눠준다. 예를 들어 교장으로 퇴임했으면 주유소 같은 데서 아르바이트를 해서는 안 되고, 대기업 임원으로 은퇴했다면 일손이 모자라는 중소기업에 재입사하여 방글라데시에서 날아온 노동자에게 그간의 경험과 노하우를 나눠주는 짓을 해서는 안 된다는 식이다. 그것은 지금까지 매장 안에서 화려하게 살아온 '격',

나의 두 발로 야생의 정신을 밟지 않고 에스컬레이터의 컨베이어 벨트를 지날 때마다 누군가가 대량으로 살포한 전단지를 지성의 한계로 여기고 살아온 '격'을 무너뜨리는 행위이기 때문이다. 나는 사라지고 쓸데도 없는 '격'만 남았다. 이 '격'에 눈치가 보여 내가 하고 싶은 일을 못한다. 이 '격'에 막혀 할 수 있는 일도 못한다.

노부부가 단둘이 사는 집에 가보면 살림이 산더미다. 사해(死海)처럼 새 것이 유입돼도 헌 것이 집안을 빠져나가지 못해서다. 새로운 제품이 나왔고, 더 좋은 그릇을 구입했음에도 옛날에 쓰던 것들을 내다 버리지 못하고 혹시라도 나중에 쓸모가 있지 않을까 싶어 일단 찬장 어딘가에 처박아둔다. 세간이 눈에 보이는 살림이라면 '격'은 눈에 보이지 않는 정신의 살림이다. '규격' '품격' '자격'은 시대에 따라 변하기 마련이라 옛것은 버리고 새것으로 주기에 맞춰 교체하는 것이 마땅함에도 혹시나 누가 다시 찾지 않을까, 이게 없어지면 나를 깔보는 시선들이 생기지 않을까 걱정하며 꾸역꾸역 움켜쥐려고 든다.

오래된 접시는 설거지를 해도 향긋한 세제 내음이 나지 않는다. 수세미로 박박 문질러도 몇십 년 동안 담아낸 김칫국물이 빠지지 않는다. 나는 상무였고, 교사였고, 이제는 할아버지라는 '규격'에 갇혀 있어봐야 나한테 도움 될 일이 없다. 다시 상무로 돌아갈 것도 아니고, 다시 학교에 가서 애들을 가르칠 것도 아니고, 산타 할아범처럼 모든 이가 살갑게 반겨주는 것도 아니다. 교회 장로답게 굴어야 하고, 전직 사장으로서 남 밑에서 배우는 짓은 못하겠다는 '품격'을 고집하면 머리에서 김칫국물 냄새가 난다. 올 가을에 갓 담은 김장 김치 냄새가 아니다. 수십 년간 김치를 얹고 썬 도마 냄새가 난다. 늙은이는 연애소설을 읽으면 안 되고, 연애소설을 써도 안 되고, 내가 무슨 대통령도 아닌데 누가 알아준다고 자서전 같은 걸 쓰겠느냐는 '자격'에 억눌려 지내면 빨지 않은 홑청을 두르고 돌아다니는 것과 같다. 명품 가방에 비단 스카프를 두르고, 보톡스를 맞고, 심는 가발을 뒤집어쓴 채 밖에 나가도 말과 행동에서, 특히 눈빛에서 퀴퀴한 냄새, 빨래 안 한 냄새, 이른바 '늙은이 냄새'가 풍기는 것을 감추지 못한다. 돈 없는 게 창피가 아니고, 자녀가 잘 안 풀리는 게 창피가 아니다. 옛날에 잘나갔던 내가 초라해진다는 게 무슨 의미일까. 예전에 잘나가던 사람과 지금의 나는 동일 인물인데, 인생이 놀이동산 청룡 열차도 아닐진대 위로만 올라가야지 어떻게 내려갈 수가 있는가.

인간 정신의 무시, 스스로를 규격과 품격과 자격으로만 파악하고, 이제야 규격이 달라지고, 품격이 변하고, 자격이 바뀌었으니 버려질 게 뻔하다고, 누가 갖다 쓸 사람도 없으리라, 지레짐작하는 오만이 불러온 노후의 위기다. 늙는 게 두려워졌다. 노후 대비가 불안하다는 말은 인간의 기나긴 평생을 몇 가지 용도에서 쓸모가 있는 몇십 년으로 압축시킨 자들의 무지에서 비롯된 근심이다. 우리는 세탁기가 아니다. 빨래를 못하게 되었다고 3천 원짜리 운반 수수료 스티커를 붙여놓고 아파트 후문의 재활용 창고 앞에 갖다 버릴 수 있는 존재가 아니다. 빨래를 못하게 되었어도 책을 읽어줄 수 있고, 노래를 불러줄 수 있고, 또는 인간의 영혼을 신학적으로 증명할 수도 있다. 규격과 품격과 자격에 맞는 용도 한 가지를 잃었다고 해서 쓸모없는 취급을 당할 까닭이 없는 것이다. 또 그렇게 생각해서도 안 된다. 그러기에는 쓸모가 너무 많기 때문이다.

회색의 노년에서
장미색 노년으로

....

"세월이 농축된 흰머리를 내보이며 밖을 돌아다니기에는 내가 아직 모
자란다. 나 자신이 인정할 수 있는 인격체가 되기 전까지는 깜장 물을
머리에 덧발라야 될 것 같다."

나는 여자가 좋다. 이 나이에 여자한테 추파를 던지며 탐한다는
게 아니라 남자보다 여자가 좋다는 뜻이다. 나도 사내지만 사내라
는 족속은 지극히 교만하다. 마치 자기들이 세상을 만들어낸 것처
럼 주인 의식에 도취되어 있다. 지하철을 타도 늙은이나 젊은이나
할 것 없이 남자는 가랑이를 쩍 벌리고 앉아서 신문을 활짝 펴고
읽는다. 스마트폰으로 게임이나 하는 주제에 옆자리에 사람이 앉
아도 엉덩이를 살짝 빼주는 매너 없이 오금을 오므리지 않는다.
모두가 그렇다는 건 아니지만 대개는 그렇다.

수컷 특유의 비릿하면서도 음산하게 가라앉은 체취도 기분 나
쁘다. 〈동물의 왕국〉에 등장하는 사자나 하이에나는 영역을 표시
한답시고 여기저기 오줌을 뿌리고 다닌다. 남자들 몸에서 나는 체

취는 마치 그 영역 표시를 자기 몸에 뿌려댄 것 같은 냄새다. 밴댕이 소갈딱지 아니랄까봐 감히 타물(他物)에게는 못하고 자기 옷을 안 빨아 입고 자기 몸을 자주 안 씻음으로써 남자 특유의 독특한 향취를 만들어 다른 이들에게 자신이 거기 있음을 드러낸다. 그래서 나는 대중교통을 이용할 때 엔간해서는 남자 곁에 앉지도, 서지도 않는다.

나이 든 남자는 더하다. 수컷으로 살아온 시간이 그만큼 길었기 때문에 체취도 강하게 물씬거린다. 10대, 20대, 30대까지는 내면에 중성적인 면모가 있다. 남자 또한 엄마라는 여자 몸에서 발현되어 맺어진 생명이므로 본적지의 풍토를 아주 버리지는 못한다. 그래서 아름다운 걸 좋아한다. 여자가 꽃다발보다 돈다발을 좋아한다는 것을 알면서도 자기 눈에 아름다운 장미꽃을 좋아하는 여자에게 선물하는 것이다.

우리 세대 역시 젊어서는 그랬다. 그 시절 유행했던 장발이 증거다. 나도 머리를 길렀다. 심한 곱슬임에도 아랑곳하지 않고 제멋대로 길렀다. 하루는 내 꼴을 보다 못한 아버지가 나를 이발소로 끌고 갔다. 아버지는 이발사에게 중처럼 바리캉으로 빡빡 밀어버리라고 신신당부하셨다. 그리고 볼일을 보러 나가셨다. 나는 기회를 놓치지 않고 목에 둘러쳐진 이발 가운을 뒤집어쓴 채 잽싸게 밖으로 도망쳤다. 아버지는 그새 저만치 걸어가고 계셨다. 아버지 별명이 '점둥이'였다. 남자의 소중한 거기에 점이 하나 있어서 붙은 별명으로 아버지는 '점둥이'라는 별명을 평생의 치욕으로 여기며 증오하셨다. 나는 멀어져 가는 아버지의 뒷모습을 바라보며 숨을 잔뜩 들이마시고는 있는 힘껏 소리쳤다.

"점동이, 개자식!"

내 평생에 이만한 한과 설움, 분노를 담은 사자후는 없었을 것이다. 그리고 보름쯤 친구 집을 전전하며 집에 안 들어갔다.

머리카락 한 올 때문에 패륜을 마다하지 않던 이십 대 초반의 내가 지금은 희끗해지는 백발로 인해 마누라에게 붙잡혀 추운 보일러실에서 염색약을 뒤집어쓰고 있다. 수북한 고수머리가 나의 유일한 자랑거리였던 시절, 내 꿈은 나이 들어 이 풍성한 머리카락이 흰 눈처럼 백발로 변하는 것이었다. 외국의 철학자 사진에서 제일 먼저 눈에 들어온 것은 멋진 백발이었다. 검은머리가 흰머리로 변하기까지 나의 지성과 감성과 명성이 쇼펜하우어처럼, 톨스토이처럼 고귀해지지 않을까 기대했던 것인데, 운명은 언제나 그렇듯이 나의 기대를 처절하게 짓밟아놓았다. 진배없는 대머리가 된 것이다.

옆머리, 뒷머리는 숱이 꽤 많다. 유독 이마에서 정수리까지 머리가 없다. 편법을 동원해 한쪽 옆머리를 미역처럼 길러 윗머리를 가린다. 내 머리는 본격적으로 빠지기 시작한 때부터 아내가 깎아주고 있다. 30년도 넘었다. 아내가 친구들과 여행을 간 어느 날 간만에 이발소를 찾았다. 사정을 설명하고 옆머리만 살짝 쳐달라고 부탁하고 한숨 자고 일어났더니 소중하게 기른 미역 머리가 사라지고 전 재산이 27만 원뿐이라는 전씨 성을 가진 전직 대통령 스타일로 만들어놓았다. 두 달간 자발적으로 외출 금지를 선언했다.

대머리는 유전이라고 한다. 아버지는 대머리가 아니었다. 형제가 육남매로 내가 맏이다. 밑으로 남동생이 넷, 여동생이 하나다. 그 녀석들 모두 대머리가 아니다. 나만 대머리다. 그러고 보니 술도 나만 마신다. 다들 한 덩치 하는 쾌남들인데 나만 키가 작고 왜소하다. 아무래도 돌연변이인가 싶다. 돌연변이로 태어나서 돌연변이답게 살아온 모양이다.

내가 대머리가 된 데에는 두 가지 가설이 있다. 아내와 아들의 주장에 따르면 내가 우리 집의 돌연변이이기 때문이란다. 또 다른 가설은 내가 착안해 낸 것인데, 신혼 초부터 아내와 미친 듯이 싸웠다. 내가 아내를 때려 아내가 병원에 실려간 적이 있고, 반대로 아내가 나를 구타해서 내가 병원에 실려간 적도 있다. 나는 8·15 해방을 목전에서 겪은 사람이다. 일제 치하에서 유년시절을 보냈다. 극단을 운영하던 작은 아버지는 김구 선생과 가까운 사이였고, 나와 동갑이었던 사촌이 한집에 살았는데 녀석은 학교에서 공산주의 서클을 만들었다. 우리 집에 순사가 상주했다. 해방 후에는 6·25 동란을 겪었고, 베트남 전쟁은 기자로 취재했다. 제2차 세계대전, 6·25, 베트남 전쟁까지 우리 세대가 겪을 수 있는 전쟁이란 전쟁은 모두 겪어봤으나 아내와의 전쟁만큼 살 떨리는 긴장과 두려움으로 내 의식을 지배한 전쟁은 없었다.

젊어서는 내가 이겼다. 집사람 몸무게가 적게 나갈 때는 겨우

38킬로그램이었다. 살이 배긴다며 딱딱한 방바닥에 오래 앉아 있지를 못했다. 그처럼 가녀리고 잘 웃고 순진해서 내가 하는 거짓말을 철썩 같이 믿으며 잘도 속아주던 한 여인이 어느 날부턴가 60킬로그램을 훌쩍 넘기는 미들급으로의 중량 도약에 성공했다. 50킬로그램을 갓 넘기는 라이트급의 나보다 두 체급이나 위다. 가뜩이나 우리의 싸움은 내가 고주망태가 된 이후에 벌어진다. 맨정신에도 어찌해 볼 수 없는 아내의 묵직한 체구를 '꽐라'된 상태에서 공략한다는 것은 핸디캡 매치다. 아내는 잔인하게도 나의 풍성한 머릿결을 양손으로 볏짚 꼬듯 쥐어 잡고 좌우로 흔들어댔다. 그때마다 돌아가신 아버지도 감히 손을 못 대던 나의 자랑, 고데기로 지진 것처럼 물결치는 머리카락이 거실 바닥에 수북하게 쌓여갔다.

그게 미안해서인지 아내는 한 달에 한 번씩 정성껏 내 머리카락을 다듬고 염색약을 덧칠해 준다. 장밋빛 청춘을 꿈꿨던 회색의 노년은 아내 성화에 저 멀리 달나라로 유영을 떠났지만, 기대하지 않았던 흑발의 노년도 나쁘지 않다. 나는 아직 지적으로 완성되지 못한 인간이므로 동경하던 철학자들처럼 백발을 자랑하기에는 아직 멀었다. 세월이 농축된 흰머리를 내보이며 밖을 돌아다니기에는 내가 아직 모자란다. 나는 아직 완숙되지 못했으므로 나 자신이 인정할 수 있는 인격체가 되기 전까지는 깜장 물을 머리에 덧발라야 될 것 같다. 아내도 40여 년이 훌쩍 넘는 기나긴 전쟁 기간 동안 나에 대한 전우애가 쌓였을 것이므로 전우의 머리카락에 위장 크림을 덧발라 주는 수고쯤은 마다하지 않을 것이라고 믿는다.

　염색이 잘 들었나 싶어 거울에 이리저리 골통을 굴려본다. 흑발은 자연스럽지가 않다면서 아내는 흑갈색 염색약을 고집한다. 그 때깔이 꼭 농협에서 파는 퇴비 같다. 내 머리통에 퇴비를 뿌려 놓은 것 같다. 이 퇴비를 보약 삼아 머리 꼭대기에서 인생의 마지막 장미꽃이 피었으면 좋겠다고 생각했다.

닭처럼 크게 홰치며 살자

"사람에게 집이 필요한 까닭은 닭과 똑같은 이유에서다. 자기만의 공간에서 자기라는 존재를 드러내며 날지도 못하는 주제에 날개를 파닥거리기 위해서다."

현대인의 3대 질병은 비만, 우울증, 불면증이다. 동네마다 비만 클리닉이 들어서서 어린 꼬마 녀석까지 똥배를 뒤뚱거리며 당뇨 검사를 받고, 개나 소나 우울증이 있다며 관심 좀 가져 달라고 눈길을 구걸하고, 평균 두세 군데씩 병원을 들러 처방전을 받아다가 약국에서 불면증 치료제를 한꺼번에 구입해 놓고는 마약처럼 복용하는 사례가 늘어나 사회문제로 대두되고 있다.

건강보험이 하도 발전한 탓이다. 지난 1월에 건강보험 공단에서 서류를 한 장 보냈다. 올해 내가 납입해야 될 보험료가 6만 원이나 올랐다는 통보다. 대통령에 당선된 그분은 주겠다던 노령 기초연금 20만 원에 대해서는 아직도 헷갈려 하고 있는데, 이 나이에 나라 세금 축 안 내고 내가 벌어 내가 먹고사는 걸 칭찬해 주지는 못할 망정 국고에 갖다 바치라는 돈은 왜 그리 많은지 국세청을 한 번 털어보고 싶은 심정이다.

억울해도 건강보험료는 낼 생각이다. 나도 건강보험의 혜택에서 자유롭지 못한 처지이기 때문이다. 보건소에서 500원 내고 처방전을 받아 혈압약을 사 먹고 있으며, 노인성 변비로 배가 묵직해질 때마다 내과에 들르고, 백내장 수술한 양쪽 눈알을 주기적으로 검사하는 것도 건강보험이 적용돼서 싸다. 이번 여름에 틀니를 바꿀까 생각 중인 것도 틀니가 건강보험 적용 대상에 오르면서 오륙십만 원에 새 걸로 맞출 수 있다는 기사를 봤기 때문이다.

만에 하나 올 여름에 틀니를 새로 맞춘다고 해도 젊은이들은 나를 비난해서는 안 된다. 요즘 노인들 취미가 병원 투어다. 동네 병원이라는 병원은 다 돌아다니면서 값싼 진료비를 악용, 물리치료를 받고, 관절약, 감기약, 불면증약, 소화제, 항생제를 잔뜩 타다가 집에서 자기 마음대로 조제해 먹는 경우가 많다고 한다. 또 툭하면 어디가 아프다면서 병원에 드러누워 세끼 밥 떠먹여주는 간호사 손길에 제 몸을 맡겨가며 비정한 아들 새끼, 싸가지 없는 며느리 년에게 당한 구박을 잊는 것이 유행이라고 한다. 멀쩡한 사지 육신에 아픈 것은 마음인데, 그 마음을 위로 받고자 육 년간 사람 몸뚱이만 공부해 온 의사를 귀찮게 하고, 아까운 링거액을 혈관에 쏟아붓는다는 얘기다. 이게 다 우리가 낸 보험료에서 깨지는 돈이다.

내 자랑을 하려는 것은 아니지만, 이 나이 먹기까지 병원에 입원한 전례는 딱 한 번이다. 65세에 처음으로 녹십자 병원에 한 달 간 입원했었다. 갈비뼈에 금이 가서다. 그때 일은 지금도 생생하다. 태어나 처음으로 뼈가 부러지는 부상을 당했다. 한겨울에 만취 상태로 육교를 지나다가 아래로 추락한 적도 있으나, 다행히 그날 서울에는 기록적인 폭설이 내렸고 도로에 무릎 높이로 쌓인 눈 때문에 팔이 조금 삐끗하는 정도로 그쳤다. 또 몇 년 전에는 늦게까지 술을 마시다가 막차를 놓칠까봐 지하철역 에스컬레이터로 무리하게 뛰어오르다가 발을 헛디뎌 뒤로 나자빠졌다. 구사일생으로 뒤에 서 있던 대학생 청년이 내 등짝에 깔려 준 덕분에 타박상만 입고 끝났다.

그러나 65세에 입은 갈비뼈 부상은 도저히 피할 수 없는 숙명처럼 나를 급습했다.

정년퇴직을 앞두고 있을 무렵 한국 생산성 본부에서 편집위원으로 재계약을 권했다. 나는 일주일에 이틀이나 사흘만 출근하는 것을 조건으로 제시했다. 대신 월급은 기존의 반만 받기로 했다. 그 시절 주 수입원이 기업 사보에 싣는 칼럼이었다. 90년대 우리 나라에서 사보를 낼 만한 기업치고 내가 쓴 칼럼을 싣지 않은 곳이 없다. 그래도 회사에서 붙잡아줄 때 몇 푼이라도 정기적인 수입이 있으면 좋을 듯싶어 회사에 더 남기로 했던 것이다.

며칠에 한 번씩 직장에 나가면 그야말로 고주망태가 돼서 집에 돌아왔다. 이삼 일치를 몰아서 마셔야 했기 때문이다. 게다가 나는 '주사파'의 배후 조정 세력이었다. 내가 만든 주사파는 90년대

김일성을 추종하는 대학생들이 만든 '주체사상 학파', 이른바 정치적 주사파와는 성격이 다른 진짜 주사파(酒邪派)였다. 한자 그대로 술이 나를 마실 때까지 술을 추종하는 문제적 직장인들의 결사대였다. 주사파 대학생들이 동아리 방에 김일성 영정 사진을 걸어놓고 분향하고 있을 때, 내가 이끄는 주사파 직장인들은 술에 떡이 되어 간신히 찾아간 자기 집 거실에 뻗어 마누라의 분향을 받곤 했다.

그들의 선도자였던 나는 주사파 행적에서도 차원이 달랐다. 동지들은 기껏해야 아내에게 따귀를 맞거나, 얼굴이 할퀴어지거나, 머리카락이 뽑히거나, 팔뚝을 물리거나, '개' 자나 '씨' 자, '쌍' 자로 시작하는 욕을 듣는 것 정도였다. 일찍이 그 모든 주사파로서의 고행을 마스터한 나는, 마침내 아내에게 얻어맞아 갈비뼈가 부러지는 해탈과 득도의 경지에 우뚝 서고야 말았다.

봄꽃이 흐드러지게 피어난 5월의 어느 날, 자정이 훌쩍 넘은 시간에 콜택시를 불러 타고 집에 도착한 나는 엉금엉금 기어서 집안으로 들어갔다. 그날도 역시 와이프는 잠들지 않고 나를 기다려주었다. 소파에 다리를 꼬고 앉아 눈을 내리뜬 채 남편을 기다리는 그 모습이 어찌나 기특한지 무척이나 사랑스럽게 느껴졌다. 그래서 안아주려고 했더니 소파에 앉은 채 앞발로 나를 걸어차는 것이었다. 아내는 학창 시절 멀리뛰기 선수였다. 배구 선수로도 활약했다. 손발이 무기다. 제대로 서 있지도 못하는 내가 구름판을 내리찍듯 힘차게 종아리 근육을 팽창시켜 내뻗은 아내의 발뒤꿈치에 찍혀 고꾸라진 것은 당연지사다.

내 술버릇 중 하나가 소변을 참는 것이다. 아랫배에 배뇨감이 무르익었을 때 괄약근에 힘을 주고 참아내면 술이 좀 깨는 기분이 든다. 소변이 마려워서 잠도 잘 안 온다. 졸다가 수원을 지나쳐 대전까지 안 가려면 그 수밖에 없었다.

부작용은 한 번의 실수가 돌이킬 수 없는 결과를 초래한다는 것이다. 그날도 당연히 소변을 참고 집까지 기어왔다. 배에 꽂힌 아내의 킥은 완벽했다. 온몸의 신경이 나른해지면서 괄약근에 가해졌던 내 마지막 자존심마저 무너뜨렸다. 내장이 너무 아파서 싸고 있다는 감각도 없었다. 간신히 숨을 몰아쉬며 정신을 차리고 아내를 쳐다보니 표정이 심상치 않다. 놀란 토끼 눈으로 소파에서 일어나 나를 내려다본다. 왜 저러나 싶어 바닥에 손을 짚고 일어서려는데 손바닥이 축축하다. 서울역에서부터 두 시간 넘게 뱃속에 채워넣고 가져온 나의 노폐물 용액이었다.

창피해서 그랬는지 술에 취해 인사불성이라 그랬는지는 모르겠다. 아내가 서둘러 바지를 벗기고 나를 씻겨 주려는데, 고래고래 소리를 지르며 안 벗겠다고 떼를 썼다. 욕실에서도 손으로 아내를 밀치며 갖은 용을 다 썼다. 참다 못한 아내가 욕실 바닥에 나를 눕혀놓고 목욕 타월로 양손을 묶으려고 했다. 호락호락 묶여줄 내가 아니었다. 바닥에 깔려서도 온몸을 비틀며 기를 썼다. 아내는 내 상체를 먼저 제압해야겠다고 판단했는지 가슴 위로 올라탔다. 당시 아내 몸무게가 68킬로그램이었다. 지금은 50킬로그램이 조금 넘는데, 그때는 하도 먹는 걸 좋아해서 살이 많이 쪘었다. 그때도 나는 50킬로그램이었다.

아내의 육괴(肉塊)로 뭉친 푸짐한 엉덩이가 내 가슴뼈를 짓누르자마자 '딱'하는 소리가 환청처럼 들리는 것 같았다. 그때부터 기억이 없다.

이튿날 잠에서 깨어 일어나려는데 가슴이 너무 아파 움직여지지가 않았다. 숨을 쉴 때마다 가슴에서 '그극그극'하고 쇠 갈리는 소리가 났다. 아무래도 심상치 않아 병원에 가봐야겠다고 했더니 이번 기회에 고생 좀 해 봐야 한다면서 아내는 침대에 누워 꼼짝도 못하는 나를 팽개치고 친구들을 만나러 나갔다. 그렇게 이틀을 자리보전하고 누워 있자 아내도 걱정이 됐는지 동네 정형외과로 데려갔다. 엑스레이를 확인하던 의사로부터 갈비뼈가 부러졌다는 설명을 듣고 아내는 노발대발했다. 이 병원 못 믿겠다며 수원에서 꽤 알아주는 녹십자 병원으로 나를 이송시켰다.

그곳에서도 진단은 마찬가지였다. 갈비뼈가 부러졌으니 입원해야 된다는 것이다. 아내는 그럴 리가 없다며 의사에게 시비를 걸었다. 어느 대학을 나왔느냐, 전공이 정형외과 맞느냐며 한참을 따졌다. 내 귀엔 아무 말도 들리지 않았다. 그저 세상이 노랗게 보일 뿐이었다. 마침내 아내도 자신이 저지른 폭행 결과를 받아들이기로 했다. 입원 수속을 마치고 침대에 누워 있는 나에게 다가와 아내는 귓속말로 나직이 속삭였다.

"누구한테든 내가 갈비뼈 부러뜨린 거라고 말하면 당신하곤 끝이야."

나는 고개를 주억거리며 물었다.

"그럼 어쩌다가 다쳤다고 하지?"

"운전하다가 급브레이크를 밟는 바람에 핸들에 가슴이 부딪쳐 부러진 걸로 해요."

"알았어."

요즘 한국 출판계에서 '출판의 여왕'으로 군림하고 있는 '쌤앤파커스'의 박시형 사장이 한언 출판사라는 회사에서 오랜 세월을 편집장으로 일하고 있을 때였다. 이때부터 나는 그녀를 알게 되면서 한언을 위해 이 모양 저 모양으로 협력하곤 했었다. 갈비뼈가 부러져 병원에 입원했다는 소식을 듣고 면허 딴 지 얼마 되지도 않은 초보 운전자가 과속 딱지를 끊으며 수원으로 부리나케 내려왔다. 나에게 중요한 책을 번역해 달라고 맡긴 것도 있어서다. 어떻게 되신 거냐는 그녀의 질문에 나는 아내가 가르쳐준 대로 대답했다. 그런데 영 믿지 못하겠다는 눈치다. 생짜면 모를까 면허증이 발급된 그날부터 서울 도심에서 택시, 트럭에 맞서 액셀과 클랙슨을 인정사정없이 눌러 대는 여장부였기에 갑작스런 급제동으로 발생된 원심력에 떠밀려 가슴이 핸들에 닿았고, 그로 인해 갈비뼈가 부러졌다는 설명은 이해가 안 되었을 것이다. 박시형 사장은 지금도 18년 전 나의 부상이 운전 부주의에서 비롯된 것으로 알고 있다. 그래서 요새도 나를 보면 운전 조심하시라는 말을 빼놓지 않는다. 나는 웃으며 알았다고 고개를 끄덕인다. 실은 운전 부주의가 아니라 마누라를 부주의하게 얻은 것이 결정타였는데 말이다.

병원에 한 달 가까이 누워 있자니 사는 것 같지가 않았다. 답답해 견딜 수가 없었다. 그래서 의사의 만류를 뿌리치고 가슴에 기브스 비슷한 것을 두른 채 보름도 안 돼 퇴원했다. 내 집에 오니 살 것 같았다. 양심의 가책이라곤 개털만큼도 느끼지 못하는 가해자와 함께 지내는 편이 허연 가운 입고 상식적인 질문만 던지는 의사보다 훨씬 반갑고 즐거웠다.

사람에게 집이 필요한 까닭은 닭과 똑같은 이유에서다. 자기만의 공간에서 자기라는 존재를 드러내며, 날지도 못하는 주제에 날개를 파닥거리기 위해서다. 이런 걸 두고 '홰를 친다'라고 한다. 닭은 제집이 아닌 곳에서는 홰치지 않는다. 아무리 세상이 드넓다한들 수탉이 제멋대로 홰를 치며 거드름 피울 곳은 제가 사는 우리의 횃대밖에 없다.

요즘 노인들은 내 집에서는 횃대를 잃고 밖에 나가서 성화를 부린다. 병원에 가서 간호사에게 시비, 파고다 공원에 가서 공짜 밥 얻어먹는 처지에 반찬 투정을 하고, 2호선에 들어앉아 배부른 임산부에게 노약자석에 앉지 말라며 딴죽을 건다. 자기 횃대를 잃고 남의 횃대를 기웃거리는 것이다. 자기 새끼한테는 끽소리도 못하고, 자기 마누라한테는 끽소리도 못하고, 자기 며느리한테는 끽소리도 못하고 처음 보는 남의 자식, 남의 며느리, 남의 아내에게는 과감히 날개를 드러낸다.

하지만 인간은 짐승이 아니다. 똥 싸질렀다고 해서 전부 내 영역이라고 우길 수는 없다. 눈치 보며 살자는 말이 아니다. 눈치를 보지 않되 자기 눈치부터 보지 말자는 것이다. 거울에 비치는 내 모습 앞에서는 한없이 작아져 언제 이리 늙었나, 주름 좀 보게, 이제 갈 날만 남았구나, 법석을 떨면서 내가 보지 못하는 남의 시선 앞에서는 내가 어떻게 비춰지는지를 생각하지 않고 살아간다.

한마디로 가식을 떨며 살자는 것이다. 아파도 안 아픈 척, 외로워도 안 외로운 척, 맞아도 안 맞은 척, 배고파도 배부른 척, 늙을수록 멋있어지는 척, 늙는 게 좋은 척하며 살자는 것이다. 닭 새끼라고 새벽 네 시에 졸리지 않을까. 미물의 닭도 새벽이면 제 존재를 만천하에 고하고자 좁아터진 우리 안에서 푸닥거리를 하는 판에 만물의 영장이라 자부하는 인간이 말년에 너절해져서는 안 될 일이다.

말띠들이여, 말춤을 추자

"요리는 종합예술의 결정체이자 정신노동과 육체노동의 완벽한 조화다."

그야말로 싸이 광풍이다. 노래 한 곡으로 세계적인 가수가 된 싸이는 미국 빌보드 차트에서 한국인 최초로 2위까지 오른 진짜 '한류'다. 수도꼭지처럼 텔레비전 채널을 돌릴 때마다 싸이가 등장한 것도 있지만, 그보다는 '말춤'이라는, 어찌 보면 30년 말띠생인 나의 원초적 본능을 자극하는 그 춤에 매료되었던 것 같다. 백설희의 '번지 없는 주막'이 평생의 애창곡이었는데, '말춤'으로 바뀐 것이다.

우연히 싸이가 출연한 토크쇼를 보게 되었다. 다른 얘기는 기억에 남지 않고 아침마다 아내가 구첩반상에 밥을 차려 주지 않으면 화가 나서 견딜 수 없다는 말이 귀청을 때린다. '말춤'의 기조에 구첩반상이 있구나, 라고 무릎을 쳤다. 역시 사람은 잘 먹어야 한다.

●

184

잘 먹어야 말춤도 추고 세계적인 가수도 될 수 있구나, 라는 생각에 얼른 차를 끌고 마트에 갔다. 싸이처럼 구첩반상은 아니더라도 오첩반상은 해 먹어야겠다는 욕심에 간 것인데, 마트에서 익숙한 싸이 목소리가 흘러나온다. 자세히 들어보니 컵라면 광고였다. 그런데 광고 끝에 싸이는 아침 굶지 말란다. 말인 즉슨 바쁜 현대인들에게 자기가 광고하는 컵라면을 아침밥 대신으로 먹으라는 것이다. 텔레비전에 나와서 아침마다 구첩반상을 차려 먹는다고 자랑질하던 싸이는 나 같은 소시민에겐 컵라면 쪼가리로 아침 굶지 말라고 충고하고 있었다. 자기는 아침마다 구첩반상을 먹고 기운 내서 성공해 놓고는 다른 이에겐 컵라면이라니, 당신이 시키는 대로는 못 먹겠다는 심정으로 그날 돼지고기, 닭고기, 소고기를 종류별로 구입했다. 기운껏 고기 먹고 말춤 같은 글을 쓰기 위해서였다.

세상에서 제일 높은 산인 에베레스트 등반자 중 최고령은 네팔 출신의 세르파로 일흔여덟 살이다. 그 전까지는 일본의 산악인인 이시카와 토미야쓰였다. 그는 일흔한 살에 에베레스트 꼭대기에 올라갔다. 그때 일본에서 아주 난리가 났다. 젊은 사람도 감히 엄두를 못내는 세계 최고봉에 일흔이 넘은 노인네가 기를 쓰고 올라가서 죽지도 않고 내려왔으니 이 얼마나 대단한 일인가. 도쿄 공항에서 성대한 기자회견이 열렸고, 기자들의 첫 번째 질문은 어떻게 그 나이에 에베레스트에 오를 수 있었는가, 라는 것이었다.

그런데 이 양반 대답이 걸작이었다. 평소에 몸 관리를 열심히 했다, 장비가 좋았다, 뭐 이런 얘기가 아니라 뜬금없이 김치찌개 얘기를 꺼냈다. 등반 내내 삼시 세 끼 얼큰한 김치찌개를 끓여 먹은 덕분에 에베레스트를 정복했다고 당당하게 대답한 것이다. 특히 주재료인 김치를 구하고자 일부러 한국을 찾아 어느 김치 공장에 특별 주문했다는 것까지 자랑스레 떠들었다. 일본의 김치는 고추랑 마늘이 맛대가리가 없어서 김치찌개를 끓여도 제맛이 안 나더라는 그럴싸한 설명도 잊지 않았다. 한국에서 공수해 온 잘 익은 매콤한 김치에 돼지고기를 팍팍 썰어 넣고 매일 저녁 그 추운 에베레스트 산 중턱에 쳐놓은 텐트 안에서 대원들과 맛나게 끓여 먹으며 하루의 피곤을, 내일에 대한 두려움을, 죽음에 대한 정신적 스트레스를 깨끗하게 날려버릴 수 있었다는 것이다. 이시카와 토미야쓰는 김치찌개를 먹으며 에베레스트에서 말춤을 춘 셈이다.

2012년 5월에는 일흔세 살 할머니가 에베레스트에 올랐다. 여자 부문 신기록이다. 그녀의 이름은 와타나베 다마에. 직업은 전문 산악인. 십 년 전인 2002년에도 육십셋의 나이로 에베레스트에 올라 여성 최고령 등반 기록을 보유하고 있던 장본인이 십 년 후에 다시금 자기 기록을 깨며 기네스북에 이름을 올렸다. 그녀는 매일 같이 소고기를 먹으며 산에 올랐다고 한다. 한 끼에 150그램의 소고기 정량을 맞춰놓고 하루도 빼놓지 않고 먹었다는 것이다. 일흔세 살에 에베레스트에 오른 소감이 어떠냐고 묻자 다마에 씨는 늙긴 늙었나 보다, 지난번에 올랐을 때보다 힘들었다고 대답했다.

잘 먹어야 한다. 늙을수록 잘 먹어야 한다. 혹한의 에베레스트를 등반하는 산악인조차 텐트 안에서 버너에 불을 지펴 코펠에 김치찌개를 끓여 먹고 소고기를 굽지져 먹는 판국에 요즘 사람들 밥 먹는 꼬락서니를 보면 세상 좋아졌다는 말이 무색해진다. 세 살, 네 살부터 어린이집에서 차려 주는 점심 밥상을 배급처럼 받아먹다가 초등학교에 입학해서는 학교에서 주는 급식을 먹는다. 중학교, 고등학교에 올라가서도 급식을 먹고, 대학에 가서 학식 먹고, 군대 가서 짬밥 먹고, 취직해서는 또 구내식당에서 점심을 먹는다. 늙어서는 복지사가 배달해 주는 도시락을 받아먹는다. 사육이 아니고 뭘까. 이렇게 먹어서는 절대로 오래 살지도 못하거니와 건강한 몸에 대한 자신감에서 비롯되는 자유로운 삶은 언감생심이다.

특히 나이가 들면 먹는 게 남는다. 고도비만에 당뇨 합병증이 올 때까지 삼겹살 구워 먹고 피자 시켜 먹고 맥주에 치킨을 들이부으라는 말이 아니다. 집에서 제철 채소와 고기, 생선에 따끈한 밥을 지어 삼시 세 끼는 귀찮고 어렵더라도 최소한 한 끼 정도는 싸이 부럽지 않게 밥상을 차려 먹어야 된다는 뜻이다.

요리는 종합예술의 결정체이자 정신노동과 육체노동의 완벽한 조화다. 집에서 뭔가를 해 먹으려면 일단 나가서 장을 봐야 하니 외출이 되고, 외출했으니 운동이 되고, 물건을 골라 돈 계산을 해야 되니 머리가 핑핑 돌고, 또 집에 와서는 씻고, 썰고, 간을 맞추고, 어떻게 하면 더 맛있게 먹을까, 창의력이 발휘된다. 별 거 아니더라도 맛나게 요리해 놓으면 누구 불러서 대접하고 싶은 베풂의 욕구가 샘솟는다. '먹는다'라는 원초적인 행위 때문에 몸과 머리, 마음이 활달해지는 것이다.

나이가 들면 혓바닥도 늙어서 미각을 잃는다. 미각이 상실되면 먹는 게 귀찮아진다. 그냥 대충 한 끼 때우자는 생각이 간절해진다. 그 귀찮음이 나중에는 삶에 대한 귀찮음으로 변질되고, 그쯤 되면 누가 봐도 볼 장 다 본 꺼진 불이다. 산해진미를 차려 놔도 잇몸이 아프다느니, 속이 더부룩하다느니 하면서 밥 한 숟가락 입에 물고 쉬어빠진 김칫국물을 묻혀 삼키는 게 고작이다. 살기 위해 먹는 게 아니라 죽지 못해 먹는 것이다. 먹는 게 행복해질 리 없고, 사는 게 즐거울 리 없다.

골고루 잘 먹어야 한다. 내 몸에 좋은 음식을 손수 만들어 먹어야 한다. 점심 한 끼에 생선도 먹고, 고기도 먹고, 채소도 먹고, 밥도 먹고, 차도 마시고, 효소도 마시고, 술도 마신다. 최소한 하루 한 끼는 싸이 부럽지 않게 집에서 차려 먹어야 한다. 그러려면 돈이 꽤 든다. 싸이처럼 나가서 말춤이라도 춰서 돈을 벌어야 된다.

신문을 보니 최근 들어 60대 이상 노년층의 아르바이트 참여 빈도가 젊은 세대를 뛰어넘었다고 한다. 얼마나 기쁜 소식인지 모른다. 평균 퇴직 연령이 53세다. 40대 중반이면 나가서 다른 일을 찾아봐야 하는 세상이다. 그만큼 각박해졌고 흉흉해졌다.

그러나 달리 생각해 보면 이토록 각박해지고 흉흉한 세상이 되었기에 늙어서 애들이나 할 법한 아르바이트 자리를 기웃거려도 욕이 되지 않는다. 늙어서도 일하는 게 창피하지 않다. 오히려 덕이 되고, 자랑이 된다. 사지 육신이 멀쩡하다면 무슨 일이라도 해야 되는 세상이 되었다는 게 얼마나 고마운지 모른다. 세상 믿고 살다간 늙어서 제명에 못 죽는 시대가 되었음이 얼마나 황송한지 모른다. 늙어서도 내 한 몸 믿고 개갤 때까지 개개 볼 각오를 다지게 해준 정부에 표창이라도 주고 싶은 마음이다. 세상이 개판 오분 전으로 뒤웅박 신고 얼음판에 홀로 선 것처럼 위태위태해지지 않았더라면 칠십 먹은 노인네가 스무 살 먹은 애들 옆에 앉아 아르바이트 면접 보는 오늘날과 같은 찬란한 시대가 되지는 못했을 것이다. 이 나이 먹고도 일해야 하는, 먹는 것을 위해 집 밖으로 뛰쳐나가 말춤보다 더한 짓이라도 해야만 되는 기회가 주어진 데에 감사하며 오늘 하루 먹는 밥 한 순가락에 더 큰 의미를 부여해야 될 것이다.

탑골공원에 모이는 고독

"천지간에 죽어 버린 나를 처리하는 데 들어가는 돈이 없어 잠을 못 이루고, 죽어서까지 남에게 손 벌려야 되는 처지에 비관하는 것이야말로 고독사의 진짜 의미다."

파고다공원의 정식 명칭은 탑골공원이다. 1991년에 사적 제354호로 지정된 자랑스러운 우리의 문화재이자 세계에서도 유례가 드물게 도심에서 공원 역할을 하는 사적지이기도 하다. 고려시대 흥복사(興福寺)라는 절이 들어섰으나 조선 중종 때 건물을 모두 철거해서 벌판으로 남아 있던 자리에 1897년 조선 왕실의 영국인 고문이었던 브라운이 과거 모습을 복원시키면서 공원으로 용도를 변경했다. 1919년 3·1운동의 발상지였을 만큼 100여 년 전부터 서울 시민의 휴식처로 사랑 받아온 곳이었다.

서울의 복판이라 할 수 있는 종로2가의 파고다공원을 인터넷에서 검색해 보면 연관 검색어로 '박카스 아줌마', '마포 장기', '탑골공원 할아버지' 같은 단어가 줄줄이 나타난다. '박카스 아줌마'가

뭔고 하니 공원을 배회하는 할아버지들에게 박카스를 건네며 넌지시 의사를 물어 몸을 파는 고령의 매춘부다. '마포 장기'는 마와 포만 가지고 두는 장기로 도박의 일종이다. 돈을 걸고 빠른 시간에 승패를 결정짓고자 마와 포만 쓰는 것이다. '탑골공원 할아버지'는 아침부터 저녁까지 파고다공원에서 하릴없이 죽치고 앉아 있는 갈 곳 없는 노인네의 통칭이다. 교회나 봉사 단체에서 주는 공짜 밥을 먹기 위해 겨울에도 한 시간 반씩 줄서기를 마다하지 않는 노인들이다. 상당수가 혼자 사는 독거노인이다.

2011년에는 탑골공원 벤치에 앉아 있던 70대 노인의 머리에서 구더기 20여 마리가 발견되기도 했다. 집에서 발을 헛디뎌 머리를 다쳤는데 돈이 없어 병원에도 가지 않고 그냥 방치해 뒀다가 상처에 구더기가 생긴 것이다. 한 집 건너 두 집이 병원인 세상이 되었음에도 서울 한복판에서 이런 일이 벌어졌다. 노인층에 대한 소외와 무관심, 경제적 빈곤은 더 이상 입에 올릴 필요가 없다. 국가에서도 손을 쓰지 못할 정도로 광범위하게 퍼져 있기 때문이다.

이런 마당에 문화적 충족은 배부른 소리인지도 모른다. '고독사(孤獨死)'를 걱정해야 하는 처지에 파고다공원에서 팔각정을 관람하고, 원각사지 삼층 석탑의 위용에 감탄하는 것은 노망 중의 노망인지도 모른다. 당장 봉사 단체에서 나온 사람들이 퍼주는 따끈한 밥 한 그릇으로 주린 배를 채우는 것이 시급하다.

고독사가 두려운 까닭은 혼자 죽는 쓸쓸함이 아니다. 내가 죽으면 장례비가 들어가고, 그 정도 돈은 통장에 잔고로 남아 있어야 하는데 그렇지 못하다. 현실은 머리를 다쳐 피가 나는데도 돈이 없어 병원에 못 가 구더기가 생긴다. 먹고 죽을 약 살 돈도 없는 것이다. 내가 죽으면 차갑게 식어 버린 늙은 내 몸뚱이를 어떻게 처리할 것인가, 누가 돈을 대줄 것이며, 장례 비용은 어디서 마련할 것인가, 라는 걱정이 앞선다. 장례식장에 사람들이 와줄까, 친척들이 올까, 연을 끊은 아이들이 찾아와줄까, 같은 고민은 끼어들 틈이 없다. 살아서 죽은 내 육신의 처리 비용을 걱정해야 된다는 것, 그게 바로 고독사의 정체다. 천지간에 죽어 버린 나를 처리하는 데 들어가는 돈이 없어 잠을 못 이루고, 죽어서까지 남에게 손 벌려야 되는 처지에 비관하는 것이야말로 고독사의 진짜 의미인 것이다.

사람의 한평생이 이만큼 처연해질 수 있음을 스마트폰이 생기고, 인터넷으로 전 세계가 하나로 뭉치고, 에이즈도 고치는 찬란한 문명의 시대에 깨닫게 되었다는 것이 슬프기도 하고, 어쩌면 이것이 인간의 한계인지도 모르겠다는 자조(自嘲)가 되기도 한다.

돈 많은 노인들은 서울의 번듯한 아파트는 월세로 내놓고 따뜻한 필리핀이나 태국, 말레이시아로 건너가서 넓은 2층 집에 가정부, 운전기사까지 두고 골프나 치러 돌아다니며 말년을 유유자적 즐긴다지만, 대다수 노인들은 마음 놓고 극장에 가서 영화 한 편 보기 힘든 처지다. 다행히 노인 전용 극장이 몇 군데 생겼다고 한다. 2천 원만 내면 흘러간 옛 영화를 볼 수 있다는 것이다. 하지만 이런 극장은 턱없이 부족하다. 서울에도 단 두 군데뿐이다. 연일

매진이라고 한다. 그만큼 나이가 들어서도 문화생활에 대한 욕구가 크다는 반증이다.

사람은 동물이 아니다. 먹고 싸면 장땡이 아니다. 봐야 하고, 들어야 하고, 말해야 한다. 눈과 귀와 입이 채워져야 한다. 갓난쟁이가 부모의 희롱에 까르륵거리듯 인간은 죽기 직전까지 세상을 보며 웃고 울고 감동해야 한다. 나를 보며 웃고, 나를 보며 우는 것은 소용없다. 바깥과의 소통이 제일 중요하다.

젊은 사람들 눈에는 한겨울에 밥 한 끼 먹겠다고 저런 몸을 이끌고 파고다공원을 찾는 노인네 보기가 넌덜머리 날지는 몰라도 노인이 병든 몸을 이끌고서라도 지하철을 타고 종로2가를 찾는 진짜 이유는 거기가 나이 들어 갈 수 있는 유일한 '바깥'이기 때문이다. 경제적으로 여유가 넘치는 부유한 노인은 필리핀으로 가거나, 몇 백만 원씩 선뜻 내며 병원에 스파까지 딸린 실버타운으로 향하는 것이라면 기초 노령 연금 20만 원이 받고 싶어 안달 난 노인네는 머리에 구더기가 자라도 파고다공원으로 향하는 것이다. 장소는 다를지언정 원하는 것은 모두 똑같다. 새로운 반향, 문화적 충만, 정신적 갈구의 해소다.

누구는 태국에서 골프를 치고, 누구는 2천 원짜리 영화 한 편을 감상하는 빈부의 격차는 젖혀 두고 늙어서도 감동을 원하는 인간의 본성이 비난 받을 일은 아니라고 본다. 세상 눈치를 보며 주뼛거려야 될 짓도 아니라고 본다.

경주 예술의 전당 소극장에서 매주 수요일마다 '실버 명화 극장'을 연다고 한다. 55세 이상 선착순 250명 한정으로 입장료 천 원을 받고 영화를 보여주겠다는 것이다. 작품은 '아씨'나 '로마의 휴일' 같은 동서양의 흘러간 옛 고전들이다.

천 원짜리 영화를 핑계로 기차 타고 경주에 내려가 보고 싶다. 남들은 해외여행도 떠나는데 경주에서 영화 한 편 보고, 유적도 구경하고, 여관방에서 하루 자고 다음날 상경한다면, 그것이 한 달에 한 번뿐일지라도 이 똑같은 나날들, 무의미하게 흘러가는 생애의 소중한 끝자락에 뭔가 새로운 변화를 가져오지는 않을까 기대가 된다. 막상 못 가게 되어도 좋다. 갈까, 말까 고민하고 계획하는 시간들이 반복해서 재생되는 지루한 하루보다는 훨씬 즐겁고 가슴 두근거리는 순간이 될 테니 말이다.

5부
죽을 힘으로 산다

죽는 걸 겁낸 페미니스트

"불꽃같은 인생을 살다가 한순간에 사라지는 요절은 청춘의 특권이기에 매혹적이다. 죽음이 더 이상 남의 얘기가 아니게 된 노인에게 제임스 딘은 결코 매력적이지 않다."

나는 여자를 좋아한다. 여자를 탐한다는 게 아니라 남자보다 여자를 더 좋아한다는 뜻이다. 내가 좋아하는 여자들 중에서도 단연 최고는 시몬 드 보부아르다. 보부아르를 어찌나 좋아했는지 그녀에 관한 평전까지 쓰려고 했다.

보부아르는 사르트르와의 계약 연애로 유명한데, 둘이 만나게 된 인연이 우습다. 어려서부터 천재였던 보부아르는 세상에서 자기가 제일 잘난 줄 알았다. 그래서 스무 살에 응시한 철학 교수 시험에서 당연히 자신이 전국 1등을 거머쥐게 되리라고 확신했다. 그런데 결과는 2등이었다. 자존심에 상처가 난 보부아르는 누가 자기를 이기고 1등을 했는지 궁금했다. 다름 아닌 사르트르였다.

보부아르는 전형적인 프랑스 미인이었고 사르트르는 그때부터 시력이 안 좋은 사팔뜨기에 못나기가 이루 말할 수 없는 전형적인 책벌레 찐따였다. 누가 봐도 어울리지 않는 두 사람이다. 하지만 보부아르는 사르트르에게 먼저 연애하자고 제안했다. 이 남자가 도대체 자기보다 무엇이 더 뛰어나다는 건지 심사 위원의 평가가 아닌 자신의 체험으로 알아보고 싶었기 때문이다.

파격이다. 그녀의 삶 자체가 늘 파격이었다. 교수가 되었지만, 여학생들에게 자유로운 성생활을 권장했다는 이유로 쫓겨났고, 대표작 『제2의 성』에서는 인류 역사상 최초로 여자가 여자를 정의하는 주인공이 되었다.

"여자는 태어나는 것이 아니라 만들어지는 것이다."

이 위대한 선언은 알베르 카뮈 같은 지식인들마저 분노하게 만들었다. 철학과 교양의 가면을 쓰고 있는 그들이 보부아르의 선언에 참지 못하고 날것의 수컷이 되어 피지배계급인 여성에게 본심을 드러내게 만든 것이다. 남자를 그렇게 만든 여자는 보부아르밖에 없다.

사르트르와의 연애 또한 기가 막힌다. 둘은 계약서를 썼다. '서로의 사생활에 간섭하지 않는다'가 첫 번째 계약 조건이었다. 사르트르는 자기를 발판 삼아 지성계에 진출하고자 하는 수많은 젊은 여성들과 뒹굴었고, 보부아르 또한 이에 질세라 미국과 유럽의 작가, 예술가들과 자유롭게 사귀었다.

두 사람은 사르트르가 먼저 세상을 떠나기 전까지 평생토록 서로의 원고를 교환해서 읽었다. 다른 애인과 함께 지낼 때마저도 서로 원고를 검토하기 위해 애인과의 약속을 뒤로 미룰 정도였다. 육체관계보다는 정신적·사상적 관계 맺기였던 셈이다. 그래서 더 오래 지속될 수 있었는지도 모른다. 몸은 늙고 쭈글쭈글해지면 매력이 사라지고 흥미도 줄어들지만, 인간의 정신력은 날이 갈수록 깊어진다는 것을 두 사람이 확인시켜 줬다고 생각한다.

보부아르의 저서 중에 『편안한 죽음』이라는 책이 있다. 병상에 누운 어머니가 돌아가시기까지 한 달 동안의 모습을 관찰하고 쓴 편지 형식으로 수신인은 당연히 사르트르다. 즉 사르트르에게 죽음을 목전에 둔 엄마를 보고한 것이다.

세상에 하나뿐인 엄마가 돌아가시게 생겼는데 그런 모습을 곁에서 무슨 신기한 구경거리라도 되는 양 관찰하고, 철학적 사유를 덧칠해 세상에 발표하려는 그녀의 지성인다운 욕심에 대해서는 너그럽게 용서해 줄 수 있다. 왜냐하면 다음 문장에서 그녀답지 않은 비열함이 엿보였기 때문이다.

'나는 사르트르에게 어머니에 대해서, 아침에 본 모습을 그대로 이야기했다. 그리고 내가 거기서 읽을 수 있었던 것들을 몽땅 다 이야기했다. 거절당한 탐욕, 비굴할 정도의 겸손함, 희망, 참담함. 결코 스스로 드러내려고 하지 않았던 고독함을. 그 고독함은 자신의 죽음에 대한 고독함이고, 삶에 대한 고독함이었다.'

문명이 진화할수록 인간은 죽음에 대한 그럴듯한 포장과 설명이라는 유혹에 빠져 길을 잃는다. 보부아르 같은 똑똑한 여자가, 매력적인 지성을 갖춘 보기 드문 인텔리가 다가온 죽음 앞에서도 살 길을 찾는 인간의 태생적 본능에 애절함을 느끼기는커녕 '거절당한 탐욕'이라며 건방지게 농락한다. 얼마 남지 않은 인생을 정리하는 회한의 슬픔을 '비굴함'으로, '참담함'으로 업신여긴다. 그리고 죽음을 한마디로 규정해 버린다. 고독.

　이어서 그녀는 말한다.

　'자연사란 없다. 인간에게 닥쳐오는 어떤 일도 결코 자연스러운 것은 아니다. 인간이 존재한다는 사실이야말로 세계에 문제를 제기할 수 있기 때문이다. 사람은 누구나 죽기 마련이다. 하지만 누구에게나 자신의 죽음은 하나의 사건이며, 비록 그가 죽음을 인식하고 받아들인다 할지라도 그것은 부당한 폭력이다.'

　그녀가 왜 이처럼 죽음에 수동적으로 독설을 내뱉는지 아쉽기만 하다. 남성과 여성, 착취와 수탈, 폭력과 공포라는 이중적 세계관으로 점철된 그녀의 뇌와 심장은 죽음을 한낱 '폭력'으로 규정한다. 그렇다면 이 폭력의 주체는 누구인가? 전쟁터에 끌려가서 개죽음을 당하거나, 길거리에서 묻지 마 범죄로 죽거나, 차를 타고 가다가 교통사고로 죽지 않는 이상 주체는 나 자신이다. 암에 걸려 죽는다고 해도 주체는 나다. 암은 외부 침입자가 아니기 때문이다.

죽음을 일컬어 나에 대한 나의 폭력으로 규정한 보부아르의 말년은 비참했다. 연하의 애인에게 젊고 싱싱한 새 여자 친구가 들러붙지는 않을까 질투했으며, 사르트르와의 숨겨진 연애 비망록을 터뜨려 사르트르의 변태 애욕에 자신이 희생당한 것처럼 묘사했고, 한 남자에게만 사랑 받으며 평범하게 살지 못한 생애를 후회했다.

왜 그랬을까? 죽음과 가까워질수록 죽는 게 겁이 나서다.

젊어서 한 번쯤 요절을 꿈꿔보지 않은 청춘이 있을까. 그야말로 불꽃같은 인생을 살다가 한순간에 사라지는 요절은 청춘의 특권이기에 매혹적이다. 배부른 자들이 배고픈 자를 동정할 수 있듯이 살 날이 하도 많이 남았기에 젊은 것들은 죽음을 동경할 수가 있다. 그런데 죽음이 더 이상 남의 얘기가 아니게 된 노인에게 제임스 딘은 결코 매력적이지 않다. 그저 내일 아침에는 눈이 떠질까? 이대로 잠들면 영원히 못 일어나는 게 아닐까? 죽어 있는 나를 보고 우리 애들이 놀라지는 않을까? 그런 생각을 하며 잠드는 사람에게 죽음은 막연한 사건이 아니다. 세상이 나에게 가하는 최후의 폭력, 가장 잔인한 폭력 그 자체다.

죽음을 폭력으로 여긴 보부아르는 그래서 속물적이다. 말년에 엉뚱한 모습을 자주 연출하며 그동안 쌓아놓은 명성을 헛되게 한 것을 보면 그녀는 죽는 게 무서웠던 거다. 죽음을 외부에서 가해지는 폭력으로만 여겼지 내 안에서 벌어지는 종결로 보진 못했다.

외부는 언제나 조건적이며, 타의적이다. 언제, 어디서 무슨 일이 벌어질지 모르는 곳이 외부다. 죽음이 바깥에서 시작된다고 여겼으니 내가 언제 죽게 될지, 내 안에서 또 무슨 병이 꿈틀거리고 있을지 보이는 건 하나도 없고 답답하기만 하다. 그로 인해 보부아르 같은 여자가 지적 유희의 최상위라고 할 수 있는 죽음에 대해 평범하다 못해 실망스런 평가를 내리게 되었다.

나는 보부아르처럼 죽고 싶지 않다. 죽음을 무서워하고 싶지 않다.

'죽으면 죽으리이다.'

이것이 내 삶의 모토다. 95세까지 현역으로 일하고, 110세까지 생존하겠다는 야망은 어디까지나 꿈일 뿐, 당장 내일 죽더라도 그건 내가 폭력으로, 처절함으로, 탐욕으로, 고독으로 규정지을 수 있는 사항이 아니다. 산 자가 죽은 이후를 생각하기에 비천해지고 탐욕이 싹트고 고독해진다. 명성이 있고, 재물이 있고, 어쨌든 내 손으로 이 땅에서 일군 게 많다고 자신하는 거만한 인간일수록 내가 죽은 다음에 일어날 모습들을 상상하며 자신의 죽음을 미리 내려다보고 싶어 한다.

산 자가 죽음을 바라보면 어떻겠는가. 무섭다. 무서워지는 게 당연하다. 백수의 왕 사자도 자기 동료가 죽으면 섬뜩해하며 그 곁에 안 가려고 하는데 하물며 인간은 어떻겠는가. 시체를 보며 희희덕거리는 건 연쇄 살인마가 아니고서는 불가능하다. 죽음을 생각하지 말아라. 이것이 살아 있는 자가 지켜야 할 법칙이다. 죽으면 죽는 거다. 미리부터 죽음에 대해 이것저것 갖다 붙일 필요가 없다.

살아 있는 날에 충성을 다하는 배고픈 자가 되어야 한다. 죽음이 생각나지 않을 만큼 나 자신에게 충성하며 맹목적으로 사랑해야 한다.

집단 자살의 시대

"일본인이 벚꽃을 사랑하는 이유는 절정에 도달했다 싶을 때 한순간에 낙화하기 때문이다."

아이를 낳지 않아서 큰일이다. 2010년 기준으로 합계 출산율(여성 한 명이 평생 동안 출산할 것으로 예측되는 자녀 수)이 1.23명으로 OECD 회원국 가운데 꼴찌다.

한국의 출생률은 6·25가 끝나고 대략 10여 년간 베이비 붐이 일었다가 그 후로는 지속적인 감소 추세를 보이고 있다. 우리가 처한 현실을 한 줄로 요약하자면 '아기는 점점 줄고, 노인의 명줄은 길어지고, 젊은 사람들은 결혼을 안 한다'가 된다. 이대로 가다가는 인구가 줄어드는 것은 당연지사고 모든 직종, 계층에서 사람이 없어져 사단이 벌어질 것이다.

얼마 전에 남한 인구가 5천만 명을 돌파했다는 뉴스를 봤다. 그 뒤에 나온 뉴스는 2100년 한국 인구가 3천7백만 명으로 줄어들

것이라는 보도였다. 세계 평균 2.53명의 절반에 불과한 출산율로는 우리가 인류를 대표해 인구 부족 현상을 겪게 될 수밖에 없다는 예측이었다.

우리 어렸을 때는 집집마다 형제자매가 대여섯은 기본이었다. 보통 여덟아홉은 낳았다. 그중 두셋은 낙후된 의료와 청결하지 못한 생활환경에서 야기된 병원균을 이겨내지 못하고 일찌감치 저세상으로 떠났다. 기본 생필품조차 구하기 어렵던 시절에 고만고만한 어린아이들로 버글거렸으니 먹고 입을 게 풍족했을 리 만무하다. 유년의 아스라한 추억은 그리움보다는 어린 나이에 일찌감치 가난과 궁핍의 잔혹함에 눈을 떠버린, 그래서 고생하는 부모님을 보면서 나 때문인가 싶어 죄스러운 동시에 저분들처럼은 살고 싶지 않다는 반동(反動)이 가슴속에서 끓어올랐다.

그래서일까. 둘만 낳아 잘 기르자는 정부 방침이 가슴에 와 닿았다. 내 어린 것들은 나처럼 고사리 같은 손가락으로 밥알 하나라도 더 움켜쥐려고 사람 눈치나 보는 기술 연마에 아까운 시간을 빼앗기지 않고, 피아노에 태권도에 영어로 머리를 불려 주고 싶었다.

그랬더니 우리 아이들은 '피터팬 세대'가 되었다. 대학원 마치고 어학연수라도 보내 주고, 1~2년 더 취업 준비를 하다 보면 서른은 눈 깜짝할 사이다. 공부한다고 나라에서 돈을 대주지도 않으니 서른 살 가까이 먹고 마시고 자고 입는 걸 전부 부모가 해줘야 한다. 결혼 적령기를 넘어서 취직이 결정된 터라 혼처를 알아봐 시집, 장가를 보내더라도 살 집에, 혼수에 모든 비용이 내 지갑에서 나간다. 이걸로 걱정거리가 끝나면 좋으련만 결혼하고 몇 해가 지났는데 아이 소식이 없다.

동심에 끌리는 피터팬이라서가 아니다. 요즘은 아이를 낳아 열여덟 살까지 키우는 데만 보통 4억이 든다. 수도권의 한갓진 도심지에 우뚝 솟아난 30평대 중형 아파트 값이다. 이 돈이 부담스러워 아이를 낳지 않는다. 낳아도 기껏해야 한 명, 그마저도 돈이 모여 경제적으로 여유가 생길 때까지 시간을 끌기 일쑤다.

대여섯 명이 둘로 줄고, 둘이 하나로 줄더니, 급기야 두셋에 하나라는 소수점 이하의 생존 출현 시대가 되고 말았다. 인구 오천만이 3천7백만으로 줄어드는 원인은 전쟁도 아니고, 기아도 아니고, 전염병도 아니다. 출산율 감소다. 좋게 말해 출산율이지 엄밀히 따지면 사회적 자살이다. 사회심리학적인 수명이 역사라고 한다면 그 역사의 주체가 되는 구성원의 인위적 감소는 집단 자살이다. 그 첫발을 현재의 중고령 세대가 내딛었다는 점에서 그에 따른 피해도 솔선수범하듯 체감하고 있다.

둘만 낳아 잘 기르면 끝인 줄 알았더니 그 둘이 애를 낳고 나한테 데려온다. 한국에서는 동안이 유행하고, 미국에서는 '노 모어 엉클(No More Uncle)' 족이 유행이라는 말은 들었어도 칠순 잔치는 못 챙겨 먹을 망정 칠순에 다시 '애 엄마'가 되리라고는 절대로 꿈꾸지 않았다. 손주 눈에 해종일 안아주고, 밥 먹여주고, 기저귀 갈아주고, 씻겨주고, 재워주고, 놀아주는 엄마로 비춰진다는 점에서 '안티에이징'의 구현이라고 좋게 생각할 수도 있지만, 젊어서도 키우기 힘들었던 어린 인간을 늙어서 키운다고 다루기 쉬워질 리 없다. 집단 자살의 폐해가 내 집 거실 소파에서 진행되고 있다.

경제적인 폐해도 그냥 못 넘어갈 수준이다. 고령화의 해결책으로 정부는 근로자 정년을 55세에서 60세로 늘렸다. 정년 연장으로 은퇴자의 노후 대비 기회를 보다 많이 부여하겠다는 취지인데, 덕분에 국민연금 부담액이 엄청나게 늘어나 버렸다. 평생을 월급쟁이로 살며 눈칫밥에 길들여진 퇴직자에게 노후의 경제생활은 국민연금밖에 믿을 데가 없다. 그런데 이 돈은 결과적으로 젊은 일꾼들 호주머니에서 빼내야 하는 구조다. 우리가 낸 국민연금이 우리 윗세대의 노후를 보장해 줬듯이 우리 몫으로 떨어질 국민연금은 우리 자녀 세대의 땀방울 값이다. 많이 일하고, 많이 벌수록 노인복지의 수혜도 커지는 법이다. 지금 세상은 일하는 사람이 점점 줄어들고 있는 실정이다. 노인복지의 파이가 줄어드는 게 당연하다. 경쟁이 치열해지고, 그 와중에 탈락하거나 제외되는 불편한 소수가 늘어난다. 이에 대한 비용으로 재정이 축나고, 부담은 우리 모두의 것이 된다. 어린 사람은 어려서 기다려야 하고, 젊은 사람은 젊어서 감당해야 하고, 늙은 사람은 늙어서 양보해야 한다. 전 세대의 삶이 각기 서럽고 힘겨워진다. 그것이 집단 자살의 시대다.

집단 자살의 시대를 타개할 방책이 무엇인지는 모르겠다. 새삼 방책을 정하기에는 항구에서 너무 멀리 떠난 문제인 듯하다. 구체적 대안과 예상은 정부를 비롯한 전문가 집단이 머리를 싸맬 일이

고, 우리는 그냥 이렇게 살다가 떠나면 되는 것인가. 어차피 한평
생을 살았는데 늙어서 좀 불편해진다고 뭐가 달라질 것인가, 라는
생각으로 좀벌레처럼 살아도 되는 것인가.

노년 세대의 사회적 역할이라는 거창한 캐치프레이즈를 내걸고
싶지는 않다. 다만 사회 구성원으로서 이런 세상을 만드는 데 우
리가 일조했다는 양심의 가책을 느껴 보자고 권하고 싶다. 그렇다
고 일손이 부족해 외국인을 고용하는 산업 현장에 노구를 끌고 나
가 산재를 일으켜 보자는 것은 아니다. 몸뚱이는 타고나서 신체
나이가 중년 못잖다는 진단을 받은 사람도 막상 일감을 구해 보면
어림없다. 젊은이가 부족하다면서 한편으로는 젊은이도 일자리를
구하지 못해 안달이 난 세상이다.

대신 그들의 부담은 덜어줄 수 있다. 젊은 사람은 한 살이라도
젊었을 때 육체를 놀리고, 나이 든 사람은 한 살이라도 더 늙기 전
에 정신을 놀리는 것이다. 나 혼자 책을 읽고, 신문을 보고, 뭔가
를 다시 배우고 매진한들 달라지는 게 있을까, 라고 반문할 수도
있다. 우리가 살아봐서 알지만 세상은 물질만 갖고 꾸려지는 곳이
아니다. 보이지 않는 정신력이 세상 곳곳에 영향을 미치고, 새로
운 바람을 불러일으킨다.

요즘 나이 든 노인을 바라보는 젊은 사람들의 눈동자가 차디차
다. 왜 그럴까. 우리가 추태를 보인 바도 없지 않으나, 이렇게 살
기 힘든 세상을 물려줬다는 원망, 그리고 나도 늙으면 저리 될까,
라는 회의 때문이다. 과거의 영화가 수렁이 되어 뒤엉키고, 현직

208

에서 물러났음에도 뒤에서 조종하려 들고, 예의상으로라도 해주겠다는 말은 없고 해주지 않는다는 불평이 한가득하다. 존경과 효와 사랑의 대상까지는 기대하지도 않는다. 진저리나는 인간들로, 내 월급의 퍼센티지를 갉아먹는 늙은 강도로 보이지 않기를 바랄 뿐이다.

일본인이 벚꽃을 사랑하는 이유는 절정에 도달했다 싶을 때 한순간에 낙화하기 때문이다. 절정 다음의 시듦과 미련에 얽매이지 않고 져버리기 때문이다. 일본의 복지시설과 정책이 세계적 수준에 이른 것도 그들 정서에 꽃잎이 시들기를 기다리지 않고 떨어져버리는 벚꽃의 이미지가 각인되어 있기 때문이라고 생각한다. 젊은 세대에게 늙음의 어리광을, 추함을, 나약함을 보여주지 않으려는 각오에서 세계 최고의 장수 국가라는 타이틀이 시작되었다.

사람이 그리워서 파고다공원에 가는 것은 좋다. 한 시절 독살스럽게 돈벌레로 사느라 좋아진 세상을 누리지 못한 아쉬움에 철마다 국립공원을 들락이는 것도 좋다. 이 나이에 몸이 병들면 자식과 국가에 경제적 손실을 부과하는 셈이므로 건강을 위해 동네 공원을 거닐고, 뒷산 약수터를 빠짐없이 다니고, 헬스클럽에 쪼그리고 앉아 아령을 들어보는 것도 좋다.

그러나 늙어 쭈글쭈글해진 몸뚱이에 쥐어짜낼 수 있는 정열과 남은 인생의 가치를 모두 걸어보기에는 그릇이 너무 작다. 시대의 죄인으로서 형벌이 너무 가볍다. 조세 포탈 등의 경제사범도 하루

일당 5만원으로 계산해서 노역형을 치르는 마당에 집단 자살이라는 초유의 사태를 일으킨 주범의 말년이 끝끝내 육신에 대한 집요함으로 결말을 맺는다면 비루하고 비굴하다.

최소한 머리를 쓸 수 있는 일에 대해서만큼은 노인이 되어서도 쉬지 말아야 한다. 젊은이 못잖은 육체 활동을 자랑하지 말고, 그들과 경쟁해서 앞설 수 있는 정신 활동을 연마하고 능력을 발굴해 나가야 한다. 우리의 머리는 어떤 점에서는 젊은 사람들보다 훨씬 뛰어나다. 그 뛰어남을 굳이 자랑하려고 내세우지는 않더라도 최소한 숨기지는 말자는 것이다. 아예 숨길 필요도 없이 전무했다면 인간으로 태어난 축복을 반밖에 누리지 못했다는 개인의 불행에 대해 슬퍼함과 동시에 오늘날과 같은 천민자본주의 시대의 부산물로서 돈벌이 외에는 쓸모없는 인간의 전형을 만들어낸 죄책감에 통탄하며 수치를 느껴야 할 것이다.

인간에게 자본의 생애 외에도 지식과 지혜의 삶이 있음을, 그래서 인생은 죽을 때까지 살아볼 가치가 있고 기대할 만하다는 희망을, 삶이라는 여정에서 주체가 되지 못한 상실감으로 절망에 찬 하루하루를 살아가는 다음 세대에게 보여줄 의무가 있다고 생각한다.

나는 늙은 찐따다

"가족 모두가 나를 사랑하고 있으리라는 착각, 내가 고생하고 노력해 온 만큼 지금부터는 가족들이 나를 위해 헌신하고 희생할 차례가 되었 다는 착각, 죽을 때까지 가족 위에 군림하고 명령권자로서 권력을 누릴 권한이 있다는 착각."

인생은 끝없는 착각의 연속이다. 망각이 있기에 인간이 고통을 잊고 살아간다고 하는데, 착각이 있기에 인간은 내일을 기대하며 기다림을 견뎌낸다. 고3 수험생 시절엔 일류 명문대에 떡하니 합 격만 해놓으면 금방 애인도 생기고 지긋지긋한 공부에서 한 걸음 벗어날 수 있을 것이라고 착각한다. 대학에 합격하면 아무리 세계 경제가 어려워도 나 한 사람쯤 받아주고 월급도 줄 회사가 있을 것이라고 착각한다. 취직하고 결혼해서 아이가 태어나면 내 아이 는 알아서 잘 클 것이라고 착각하고, 마지막으로 은퇴해서는 마침 내 밥벌이의 굴레에서 벗어나 그동안 만나고 싶었던 사람들도 실 컷 만나고, 시간이 없어서 하지 못했던 취미 생활도 실컷 해 보고, 기회가 없어 배우지 못했던 것들도 실컷 배우고, 바빠서 챙겨 주지 못했던 가족들과 즐거운 시간도 실컷 보내고, 난생 처음 자유롭게, 무엇에도 구속받지 않고 사람답게 살아보리라고 착각한다. 그 착각이 짧게는 며칠, 길게는 몇 달 동안 눈을 가려줄 수는 있다. 갑작스레 주어진 자유와 여유가 삶의 또 다른 보람처럼 느껴져 만족스런 하루하루가 꽤 오래 지속될 수도 있다.

그러나 날이 갈수록 권태라는 것이 밀려온다. 쇼펜하우어는 '원하는 것을 다 가진 인간이 권태에 빠진다'라고 말했다. 이 말을 좀 더 넓게 해석해 보면 '다 가졌다고 안도하는 순간' 권태와 맞닥뜨릴 확률이 높아진다고 할 수 있다. 어느 설문 조사에서 여생의 가장 큰 주적(主敵)으로 아내들은 '회사 그만두고 집에 들어앉은 남편'을 꼽았다고 하는데, 그녀들의 불평에도 일리가 있다. 권태의 늪에 빠져 정신이 고갈된 가장은 눈앞을 왔다 갔다 하는 아내와 자녀에게 쓸 곳을 찾지 못해 소화불량 상태에 이른 감정을 여과 없이 토해 내곤 한다. '일하지 않는 늙은 아버지' 중에서도 보기 흉하고 거북한 사례다. 자녀도, 아내도 자기만의 생활이 있고 스케줄이 있는데, 가정의 운명은 혼자 짊어진 것처럼 숙명 어린 눈동자로 가족들을 노려본다. 집에 잠시 들르는 게 고작이던 가장이 사회라는 속박의 올가미에서 벗어나자마자 새장에 갇혀 날갯짓을 잊어버린 애완조가 된다. 익숙한 얼굴들을 쫓아다니며 관심을 구걸한다. 그것이 참견이든, 동행에 대한 강요든 본질은 관심을 가져달라고 떼를 쓰는 데 불과하며, 권태로움을 이기지 못한 인간의 발악과도 같다.

최근 들어 왕성한 파급력으로 세대와 집단을 불문하고 유행하는 신조어로 '왕따'가 있다. 중·고등학생의 왕따 문제는 청소년 자살이라는 가학적 결말로 인해 이미 사회문제가 된 지 오래고, 직장 내 왕따는 그 이전부터 보이지 않게 작용해 온 것도 사실이다. 그리고 드디어 '은퇴 후 여생 30년' 시대로 접어들면서 가족 내 왕따가 새롭게 대두하고 있다.

왕따로 낙인 찍히기 전 단계에 '찐따'가 있다. 굳이 설명하자면 '찐따' 중에서 '왕따' 한 명이 선별되는 셈이다. '찐따'라는 말은 원래 6·25 때 나온 말이다. 휴전 조약이 체결된 후 지뢰를 밟고 다리를 잃은 상이군인들이 일거리를 찾지 못해 거리를 배회하며 금품을 갈취하거나 무전취식을 일삼는 경우가 많았다. 그들을 가리켜 '찐따'라고 불렀는데, 이는 '다리 병신'이라는 뜻으로 겁날 게 없는 상이군인에게 대놓고 '다리 병신'이라는 말을 할 수 없어 '찐따'라는 은어로 그들을 지칭했던 것이다.

이 말이 어찌된 영문인지는 몰라도 요즘 아이들 입에서도 오르내리고 있다. 의미는 크게 다르지 않다. 어수룩하고, 행동이 앞뒤가 안 맞고, 남에게 의도하지 않은 피해를 주고, 주위 사람들을 괜스레 귀찮고 불편하게 만드는 사람을 일컬어 '찐따'라고 놀린다. 그리고 '찐따' 중에서도 약하고 힘없고 괜히 얄미운 녀석을 '왕따'로 만든다. 물론 악의적인 판별도 있다. 소위 일진으로 불리는 불량 청소년들이 조직폭력배가 구역을 설정하고 자릿세와 보호비 명목으로 이문을 갈취하고, 수익성 높은 사업에 무단으로 참가하듯, 공부 잘하고 착하고 성실한 동급생이 얄미워서 빵 심부름을 시키고, 돈을 빼앗고, 집단으로 괴롭히는 경우도 많다. 또는 외모가 대중의 잣대로 비춰봤을 때 함량 미달이라는 이유로, 신체 조건과 능력이 또래의 평균치에 미치지 못한다는 이유로, 가정이 사회 보장법의 수혜를 누리고 있다는 이유로 폭력과 집단 따돌림의 표적으로 지목되기도 한다.

예외 규정도 있다. 상대적 우위를 점하고 있는, 예를 들어 싸움을 잘한다든가, 공부를 아주 잘한다든가, 부모의 명성이 교실에서까지 파급력을 미치는 당사자가 자신의 강점을 믿고 그에 어울리지 않는, 그리고 감내할 수 있는 행동의 한계를 넘어섰을 때 그는 동급생들의 마음속에서 '찐따'가 된다. 만약 그가 '찐따'로서의 언행을 단념하지 않고 집단이 암묵적으로 동조하고 있는 행동 지침을 지속해서 벗어난다면 어떤 식으로든 '왕따'를 당하게 된다.

이 땅의 은퇴자들 역시 상당수가 '찐따'의 길을 걷고 있다. 평생을 일해서 헌신해 왔더니 하루아침에 뒷방 늙은이 대접을 한다고 불평하는 사람도 있을 테지만, 그럴수록 현재의 자기가 어떤 모습인지 똑바로 눈을 뜨고 바라보려는 마음가짐이 필요하다. 왜냐하면 나이 들어 가족에게 '왕따'당하는 모습은 스스로 재현해 냈을 확률이 높기 때문이다. 가족 모두가 나를 사랑하고 있으리라는 착각, 내가 고생하고 노력해 온 만큼 지금부터는 가족들이 나를 위해 헌신하고 희생해 줄 차례가 되었다는 착각, 나는 죽을 때까지 가족 위에 군림하고 명령권자로서 권력을 누릴 권한이 있다는 착각이 머릿속에, 그리고 행동과 말에 배어 있다. 그럴 만한 자격이 있다고 착각하기 시작하면 가족과의 단절은 기본이고, 가족으로부터 은연중에 '찐따'로 분류되는 슬픔까지 맛봐야 한다. 이것은 개인의 불행만이 아닌 가족의 불행이기도 하다. 사랑하고 존경해야 할 가장을 '찐따'로 여길 수밖에 없는 고통을 가족에게 강요했다는 점에서 보이지 않는 가정 폭력이기도 하다.

그 결과라고 할 수 있는 황혼 이혼이 지난 5년간 무려 74퍼센트나 급증했다고 한다. 통계청 자료에 따르면 결혼 기간 3년 미만에 이루어지는 신혼 이혼을 사상 최초로 추월했다는 것이다. 1980년 처음 조사했을 때보다 무려 30배나 늘어난 수치다. 하나뿐인 자녀를 결혼시키고 그 다음 날로 법원에 가서 이혼 서류에 도장을 찍고 나오는 중년 부부가 매스컴에 등장해도 요즘 사람들은 별로 놀라지 않는다. 보편화 단계에 이르렀기 때문이다.

학교와는 다르다고 해도 가정 또한 사람이 모여 살을 부대끼는 장소다. 찐따나 왕따와 어울리고 싶지 않은 게 당연하다. 학교에서의 왕따 문제라면 졸업이 있고, 전학이 있고, 가해자에 대한 처벌이라는 대안이 있지만, 가정 내 왕따는 종국에 가서는 이혼이라는 최악의 작별로 종결된다. 심리학자나, 이혼 전문 변호사들은 소통의 부재를 가장 큰 문제로 꼽는다. 아내와, 혹은 남편과, 아이들과 평소에 소통이 부족했기에 바람도 피우고, 가정 폭력도 발생하고, 세대 간 갈등도 심화된다는 것이다. 모두 맞는 이야기다. 그런데 이것은 처음부터 문제를 안고 있는 가정들에 국한된 설명이고, 정년퇴직, 또는 은퇴 이후 벌어지는 인격의 권태로움에서 빚어진 갈등과 왕따에 대한 해답은 아니다.

겉으로 드러난 문제는 크지 않은데, 가족끼리 느껴지는 벽이 있다. 얼마 전까지만 해도 깨닫지 못했던 불편함이 점점 더 구체화된다. 그렇다고 다시 나가서 돈을 벌어오라는 것도 아니다. 그냥 상대방이 불편해진 것이다. 더 솔직히 말하면 아버지, 남편, 또는 어머니, 아내에서 '상대방', 즉 바깥을 돌아다니는 수많은 타자 가운데 한 사람 같이 여겨지게 되었다. 그 낯설음이 불편해졌다. 이렇듯 낯설어지기까지의 전 단계가 하나 있다. 바로 실망이다. 실망은 그 사람에 대한 관심과 호응을 떨어뜨린다. 누군가에게 실망했다면 이후로는 그에게 예전처럼 관심을 보이기가 어려워진다.

아버지와 남편과 가장으로서가 아닌 하나의 인간 그 자체로 가장 가까운 사람들에게 실망을 안겨준다. 가족이 실망해서 나를 '찐따'로 분류했을 정도인데 내가 그런 나를 알아차리지 못했을 리 없다. 정직하게 자기 자신을 돌이켜 봤을 때 어느 순간부턴가 스스로에게 실망하고 있었음을 인정하게 될 것이다. 그리고 나에 대한 실망감을 가까운 사람들에게 분노라는 표현을 통해 해소하려고 하지는 않았는가 돌이켜 반성해 볼 일이다.

왕따에 시달리는 학생은 혼자 끙끙 앓고 지낸다. 부모님에게, 선생님에게, 혹은 교육청과 경찰서에라도 자신의 처지를 알려야 되지만 그게 쉽지는 않다. 사회 경험이 전무한 어린 학생들로서는 감당하기 쉽지 않은 실천이다. 그에 비하면 나이 들어 집에서 당하는 따돌림은 나 스스로 내가 가족에게 '찐따'임을, 그 전에 스스로에게 내가 '찐따'였음을 알려주기만 하면 된다. 더구나 우리에겐 중학교에 다니는 열네 살 소년과는 비교가 안 되는 축적된 경험과 인생 노하우, 나를 대면하고 살아온 소중한 기억들이 가득하다.

　우리의 늙음이, 우리의 노후가 처음 출근하던 날 아침에 회사 정문에 들어서면서 30년 후 이곳을 나설 때는 지금보다 당당하고 행복해지겠다고 다짐했던 것과 달리 뜻대로 되지 않았다는 현실부터 받아들여야 한다. 어디에서 뭐가 잘못됐는지를 이제 와서 규명해 본들 한 살이라도 젊어지는 것도 아니다. 내가 그렇게 행동하지 않았음을 자책하고, 자책의 일환으로 이대로 가다간, 아니 이미 내 상태가 '늙은 찐따'임을 인정하고 벗어날 준비와 계획을 세워야 한다. 하루라도 빠를수록 좋다. 사람은 타인과의 비교 우위에서 앞서 나가고자 하는 충동이 강하므로 남보다 하루 먼저 움직이기로 작심한다면 더욱 좋겠다.

겨울에 피는 꽃도 있다

"그래도 한 번 더 꽃을 피울 수 있다. 아니, 피워야 한다."

남도 땅에서는 가는 곳마다 보이는 게 동백나무라고 하는데, 그 중에서도 유명한 곳이 전남 강진에 있는 백련사 인근의 동백 숲이다. 삼천여 그루의 동백나무가 군락을 이룬 이곳은 천연기념물 제151호로 지정되어 보호 받고 있다.

조선 후기의 대표 실학자인 정약용은 강진에서 18년간 귀양살이를 했다. 최초 귀양지인 포항 등을 거쳐 강진에 도착한 정약용은 백련사가 있는 만덕리에 초당(草堂)을 짓고 살면서 세상으로부터 버려졌다는 울분과 고독을 『목민심서』 마흔여덟 권으로 승화시켰다. 유배의 날들에서 정약용의 심지를 지켜준 것이 바로 이 동백나무였다. 백련사 입구까지 300미터 가까이 줄지어 늘어선 동백나무 가로수 길을 매일 같이 오르내리던 정약용이 마지막으

로 겨울에 핀 동백꽃과 마주한 것은 그의 나이 58세 때였다. 삼십
대 중반의 혈기로 세상을 바꿔보리라, 내가 할 수 있으리라 굳은
신념과 정의감에 도취되었던 시대의 총아는 시절을 잘못 만나 인
생의 절정기를 외진 남도 땅에서 허망하게 상실한다. 입신양명을
위해 태어났다고 배워온 유학자의 눈에 한겨울 눈꽃송이를 외면
하고 피어나는 철 모르는 빨간 꽃송이의 자태는 위로이자, 벗이
자, 잊자고 작심했던 지조의 표출이기도 했을 것이다.

　겨울의 찬 기운 속에서 피어나는 꽃은 오로지 동백뿐이다. 설중
매(雪中梅)라고 해서 한겨울에도 매화꽃이 핀다고 하는데, 춘매(春梅)
가 꽃을 틔우는 초봄에 이상기후로 눈이 내려 꽃잎에 눈이 내려앉
은 것으로 우리나라 기후에서 겨울에 피는 토종 꽃은 동백 하나밖
에 없다. 그래서 옛 선비들은 동백을 한사(寒士), 즉 시련과 절망에
유의치 않는 굳센 선비라고 불렀다. 강원도와 함경도 지방에서 동
백이라 부르는 꽃은 이 동백이 아니다. 이른 봄에 노랗게 피어나
는 생강나무꽃이다.

　"그리고 뭣에 떠다 밀렸는지 나의 어깨를 짚은 채 그대로 픽 쓰러진다.
　그 바람에 나의 몸뚱이도 겹쳐서 쓰러지며 한창 피어 퍼드러진 '노란
　동백꽃' 속으로 폭 파묻혀 버렸다. 알싸한, 그리고 향긋한 그 냄새에
　나는 땅이 꺼지는 듯이 온 정신이 고만 아찔하였다."

위 대목은 김유정 소설 『동백꽃』의 절정이다. 점순이가 주인공

인 '나'를 껴안고 그 위로 넘어뜨린 '노란 동백꽃' 무리는 사전에 등재된 진짜 동백이 아니라 생강나무가 피워낸 꽃이다. 노란 동백은 세상에 없다. 강원도 춘천 태생인 김유정은 어린 시절 생강꽃을 동백꽃으로 알고 자랐을 것이다. 만약 그가 화류(花類)에 밝아 동네 뒷산마다 피어난 노란꽃의 이름이 생강꽃임을 알고 있었다면 요즘 같이 인터넷도, 텔레비전도 구경하지 못했던 우리의 어린 날은 '점순이'의 데퉁맞은 첫사랑을 왠지 모르게 낭만적으로 들리는 '동백'이 아닌 맵고 쓰린 '생강'으로 기억하게 됐을지도 모를 일이다.

이 동백꽃의 원산지가 한국이다. 중국 명나라의 약학자인 이시진(李時珍)이 쓴 『본초강목(本草綱目)』에도 '해홍화 출신라국(海紅花 出新羅國)'이라는 기록이 있다. 해홍화는 동백꽃의 중국식 이름이다. 해석해 보자면 동백꽃은 신라에서 왔다는 뜻이다. 현재 동백은 한국, 중국, 일본을 비롯한 동아시아 전역에서 무럭무럭 생장하고 있다.

18세기 중반 원예에 박식한 유박(柳璞)이라는 선비가 『화암수록(花庵隨錄)』이라는 책에서 '구등품제(九等品第)'라 하여 꽃의 순위를 아홉 가지로 매긴 적이 있다. 이 책에서 동백꽃은 3등급 취급을 받는다. 1등급으로 분류된 매화, 국화, 연꽃, 대나무와 비교해 향기가 없다는 이유에서다. 옛사람들은 꽃 한 송이에서도 겉보다 속을 중시했다. 겉으로 드러난 아름다움도 중요하지만 속에서 풍기는 정취, 사람으로 따지면 인품에 비할 수 있는 향내를 무시하지 못했다. 그럴싸한 풍채로 보는 이들의 허리가 절로 숙여지는 인물이더라도 인품이 경박하다면 군자라 부르지 않는다. 같은 이유에서 한겨울에 온갖 고초를 인내의 덕으로 삼고 꽃을 틔운 동백은 향이 나지 않는다고 해서 '인품'이 부족한 3등급 꽃으로 평가절하되었다. 꽃잎의 생김이 후졌음에도 동양란이 사군자에 들어간 것도 은은한 향기가 높은 점수를 얻었기 때문이다.

나는 우리의 늙음이 동백 같기를 꿈꾼다. 겨울은 시기상 엄동설한의 계절이다. 겨울은 봄과 여름, 가을의 생명이 추위에 얼어붙고, 눈에 파묻혀 내년 봄에 태어날 새싹을 위한 밑거름으로 절하되는 시기다. 화려한 장미꽃도, 복스러운 복숭아나무도 그 해의 이파리와 씨눈은 자취를 감추고 사라지기 마련이다.

그러나 유독 동백만이 모두가 잠든 한겨울에, 모두가 숨을 죽인 한겨울에, 이 생을 마무리하고 다음 생을 준비하는 한겨울에 피처럼 붉은 꽃을 토한다. 그렇다면 동백은 봄, 여름, 가을에는 무엇을 하는가. 당연히 열매를 맺는다. 유명한 동백기름은 바로 이 나무가 잉태한 열매의 씨앗에서 짜낸 기름이다. 동백나무 열매는 가을에 빨갛게 익어 땅에 떨어지고, 스스로 배를 갈라 씨앗을 내보인다. 이 씨앗에 좋은 영양소가 풍부하다고 한다.

우리 삶도 이와 비슷하다는 생각을 해 본다. 봄에 싹을 내고, 여름의 무더위에서 뜨겁게 생육하고, 마침내 가을에 열매를 맺어 곳간을 채우거나 누군가의 입을 만족시킨다. 한철을 살아가는 생물로서 본디 역할을 다 해냈다고 할 수 있다. 내 할 일을 무사히 마무리 지었다며 자족할 수도 있고, 누렇게 시들어 떨어지는 잎새에 좌절하며 분노할 수도 있다. 바싹 마른 둥치를 내려다보며 어느 여름날의 신록을 회상할 수도 있고, 가지에 내려앉는 설화(雪花)에 내년 봄을 기약하지 못하는 야속함을 상기하며 처연해질 수도 있다. 우리가 식물이었다면 겨울의 좌절과 분노와 회상과 처연함은 어찌지 못할 숙명이다. 우리가 4월에 꽃을 피우고 그만인 매화(梅花)로 태어난다면 12월, 1월, 2월의 겨울에 꽃을 피우기란 불가하다. 매화가 아무리 노력한들, 마음을 다잡아본들 겨울에 매화꽃을 피우지는 못한다.

그러나 우리는 사람으로 태어났다. 춘매도, 동백도 될 수 있는 것이다. 상수리 나무처럼 만엽(萬葉)의 여름 한철을 보내다가도 겨울에 다시 동백으로 태어날 수 있다는 말이다. 10월에 깡그리 거둬들여 배즙처럼 꼭꼭 짜냈을지라도 우리는 한겨울에 그 텅 빈 배나무 껍질을 벗어던지고 내리는 눈발 아래서 동백꽃을 피워낼 수 있는 것이다. 이보다 감사한 일이 또 있을까. 이보다 아름다운 생애가 또 있을까.

우리의 때가 겨울이기에 동백꽃이 피어난다. 오늘의 시절이 여름이었다면 눈밭의 빨간 꽃이 홀로 피어나 자태를 뽐내는 풍경은 가능하지 않았을 것이다. 성경 「시편」 1장은 '복 있는 사람은 시절을 쫓아 과실을 맺는다'라고 가르친다. 겨울에도 맺어야 할 결실이 숙제로서 남아 있다는 교훈이다.

겨울이라고 한다. 내가 느끼기에도 여름은 아니다. 아마도 겨울이 맞을 것이다. 그래도 한 번 더 꽃을 피울 수 있다. 아니, 피워야 한다. 이 겨울 동백으로 살다가 꽃송이로 낙화할 것인가, 아니면 가을부터 앙상한 배나무 가지로 메말라 갈 것인가는 개인의 선택이지만, 부디 동백꽃으로의 삶을 욕망해 내길 부탁하고 싶다.

대기만성한 노인의
시대가 온다

"과거는 영재의 시대였다. 미래는 노재(老才)의 시대가 될 것이다."

프랑스의 시인 장 콕토는 대표적인 천재형 인물이었다. 그는 본업인 시부터 소설, 그림, 영화에 이르기까지 다방면에서 소질을 과시했다. 스무 살에 첫 시집을 펴냈고, 그림은 따로 박물관이 운영될 정도로 잘 그렸다. 우리가 잘 아는 《미녀와 야수》의 첫 번째 영화도 장 콕토가 감독을 맡았다. 그런 그가 '사랑'에 대해 다음과 같은 말을 남겼다.

"'사랑하다'의 동사 변화는 어렵다. 과거는 단순하지 않고, 현재는 직설적이지 않으며, 미래는 언제나 조건법을 따른다."

자기 인생을 사랑하지 않는 사람은 없다. 이 세상에 '나'를 사랑하지 않는 사람은 없다. 나를 혐오한다는 말은 내게 기대를 걸었건만, 믿었던 내가 나를 실망시켰다는 뜻이다. 실망은 기대에서 비롯되고, 기대는 사랑에게 바라는 열매다. 그렇기에 장 콕토의 사랑에 관한 언급은 인생에도 동일하게 적용할 수 있다. 과거의 삶은 더 이상 단순하지 않다. 그 시절의 감정은 이미 사라진지 오래다. 그때는 피눈물을 흘렸지만, 수십 년 세월이 흐르고 보니 헛웃음이 나온다. 눈에 흙이 들어가기 전에는 안 볼 것처럼 헤어졌는데 새삼 그리워지고 궁금해진다.

현재의 삶은 솔직함과는 거리가 멀다. 늙어도 건강한 사람이 있고, 나보다 어렵게 살아도 만족하는 사람이 있는데, 삶에 대한 변명은 살아온 기간만큼 늘어나 무궁무진하다. 그리 못하는 이유도 가지각색이고, 그렇게 안 했던 이유도 열 손가락이 모자란다.

미래의 삶은 사랑처럼 조건에 따라 달라질 것이다. 내일도 오늘처럼 사랑하려면 갖춰놓아야 할 것이 한둘이 아니다. 내일의 삶이 만족스러워지려면 역시나 갖춰놓아야 할 게 많다. 건강해야 하고, 돈도 부족함이 없어야 하고, 세상도 평안해야 한다. '나' 하나로는 부족하다. '나' 하나로 내일의 삶을 대비하기에는 조건이 턱없이 부족하다. 사랑만으로 결혼 이후의 현실적인 삶이 구가되지 않듯이 생의 말년은 나 이외의 것들을 준비하라고 다그친다. 젊은이는 조건에 맞는 결혼을 선택하고, 늙은이는 조건에 맞는 늙음을 준비한다고나 할까.

미래를 결정짓는 '조건'에서 시대라는 환경은 빼놓을 수 없다.

확실히 시대가 변했음을 몸으로 체험한다. 장 콕토는 스무 살에 첫 시집을 내고 데뷔했다. 장 콕토의 대표적인 연인이었던 레몽 라디게라는 청년은 열여섯 살에 장 콕토를 만나 사랑에 빠졌는데, 당시 그는 이미 소설가였다. 예전에는 스무 살에 신춘문예로 등단하고, 10대에 대학교수가 되는 젊은 천재들에게 열광했다. 지금은 시대가 바뀌어 앞으로는 늙은 나이에 등장하는 만년의 천재들 시대가 될 것이다. 인간의 우월함은 젊은 나이에 자신의 꿈을 실현시키는 빠른 성공이 아닌 늙음이라는 장애를 극복하고 절정의 재능을 꽃피운 '새로운 노인'의 출현을 통해 증명될 것이다.

70대에 첫 장편소설을 쓰고, 60대에 화가로 데뷔하고, 50대에 신인 연기자가 되고, 80대에 베스트셀러 작가가 되는 시대가 도래할 것이다. 인간의 지성은 초기의 발열 강도에 따라 등급이 매겨지는 시스템에서 우리의 온돌방처럼 오래도록 뜨거움을 잃지 않는 보존성을 추구하는 또 한 번의 지적 진화, 정신의 대변혁을 기다리고 있다.

과거는 영재의 시대였다. 두 살, 세 살에 영어를 배우는 것도 부족했는지 '엄마' 소리도 못하는 혀에서 설소대를 잘라 혀를 억지로 길게 만드는 수술까지 심심찮게 자행했다. 혀가 길어지면 영어 발음이 능숙해지리라는 해괴망측한 논리에 굴복당한 결과였다. 글로벌 시대, 과학의 시대를 살아가는 덕목으로서 영어를 배우는 것인데, 그 과정에서 혀를 잡아 뽑으면 발음이 좋아진다는 비과학적인 터부가 출현했다.

멀지 않은 미래는 노재(老才)의 시대가 될 것이다. 대기만성의 시대이며, 참고 기다려서 이뤄내는 시대다. 스마트 폰으로 정치가 바뀌고, 3D 텔레비전이 실재처럼 눈앞을 아른거린다고 하지만, 정작 인간의 영혼과 숨 가쁜 일생은 문명의 노화라는 파고와 정면으로 마주서고 있다. 늙음의 길목에 들어선 한 명, 한 명이 개인적으로, 넓게는 사회적으로 떠안아야 할 숙명이 아닌가 생각한다. 이 나이에 뭔가를 해 보겠다는 것이 늙어 주책이라는 핀잔으로 돌아올지도 모르고, 쓸데없이 나섰다가 수치를 당하게 되는 건 아닌지 걱정스럽다. 그러나 시대가 늙은이의 주책을 필요로 하고 있다. 활기는 오늘날의 노인에게 부가된 제2의 탄생이다. 노인의 삶이 더 고달파진다고 하는데, 이 또한 장수와 건강이 과분하게 주어진 시대를 살아가는 세금 같은 것이라고 생각하면 그만이다. 영원히 생존할 수 있는 존재인 것처럼 살지 않고서는 이 삶의 무게를 우리는 감당하지 못한다.

인생에는 보이지 않는
마디가 있다

"인생의 마디는 계기에서 만들어진다. 마디는 정체되었을 때 단단히 굳어진다. 스스로 선택하려는 생각의 변화를 새로운 생장점으로서 내 삶에 이식시키는 것이다."

우후죽순(雨後竹筍). 엄청나게 빨리 자라는 대나무를 빗댄 말이다. 대나무는 대과의 상록 식물에 속하는데, 일반 나무와 달리 옆으로 두껍게 자라지 않고 위로만 쭉쭉 자란다. 옆으로 퍼질 일이 없으니 위로 자라는 속도 또한 놀라울 수밖에 없다. 온대 지방 대나무 중에 큰 놈은 밑둥치 직경 17센티미터에 키가 22미터에 달하는 것도 있다.

대나무가 이토록 빨리 자라는 데에는 과학적 이유가 있다. 다른 식물은 보통 세포분열로 성장을 시도하는데 줄기 끝에 생장점 하나가 고작이다. 오직 대나무만이 한 줄기마다 마디가 있고, 이 마디 끝에 생장점이 있다. 즉 대나무 마디마디의 성장이 개별적인 생장점을 갖고 있다는 뜻이다. 반면에 형성층이라는 게 없어서 연륜이 쌓여도 두꺼워지지는 않는다. 대나무의 속이 비어 있는 까닭이다.

푸른 잎과 곧은 줄기, 속을 채우지 않는 무욕(無欲)과 자기보다 작은 나무를 가장자리로 밀어내지 않는 얇음은 꿋꿋한 지조와 절개를 상징했다. 청빈한 선비의 일생이 대나무와 같다 하여 사군자 중에서도 가장 큰 사랑을 받았다.

대나무는 마디가 있고, 마디가 있음으로써 단단하다. 대나무의 마디를 일컫는 표현에 '포절지무심(抱節之無心)'이라는 말이 있다. 대나무의 속이 비었어도 허식이 없고 단단한 것은 마디로 절도를 지켰기 때문이라는 뜻이다. 대나무는 바람이 불어도 쓰러지지 않고 곧게 서 있다. 마디가 지지대 역할을 해주기 때문이다. 대나무에 마디가 없고 여느 나무처럼 한 줄기 몸통으로 대지에 뿌리를 내렸더라면 폭풍우는 둘째 치고 중국산 황사에 쉬이 부러지고 말았을 것이다. 즉 대나무는 마디가 있기에 단단해질 수 있었다.

잘 조성된 숲 그늘에서 편히 자란 대나무보다 비바람과 뙤약볕에 그을리고 생채기가 난 대나무일수록 마디 수가 더 많고 단단하다고 한다. 옛날 우리 조상들은 마디가 많은 대나무를 잘라 피리와 통소를 만들었다. 말 못하는 미물이지만 인고의 세월을 이겨낸 생명의 지조는 악기가 되어서도 사람을 울릴 수 있으리라 믿었기 때문이다.

예로부터 성격이 바른 사람을 '대쪽'이라고 불렀다. 대나무는 어떤 환경에서도 휘거나 구부러진 채 자라지 않는다. 쪼개기 전에는 휘어지지를 않는다. 이 또한 마디가 많을수록 잘 구부러지지 않는 특성이 있다.

인생에도 대나무처럼 마디가 있다. 남들과 똑같이 살아온 것 같아도 각자 나름대로 단절과 시련의 시기가 있었다. 삶의 고비를 넘기지 않고 살아온 사람이 어디 있을까. 물질이 됐든, 건강이 됐든, 만남이 됐든 어느 한 시기의 꼭짓점에서 대비하지 못했던 생장의 멈춤과 맞닥뜨리곤 했다. 지금 이 책을 손에 들고 있다는 것은 그런 시절을 이기고, 또 해묵은 감정을 털어내고 새로운 마디에서 또 다른 생장을 자행(自行)했다는 반증이다.

시련이 모여 인생은 풍요로워진다. 지금까지는 이 같은 삶의 계기가 우연히 찾아왔다. 뜻밖이었고 놀라웠다. 그렇다면 앞으로는 더 강해지기 위해, 지금보다 나 자신을 더 귀하고 기름지게 만들기 위해, 언제가 될지 모르는 그날에 정든 사람들과, 정든 세상과 작별하는 것이 원통하지 않도록 의도적으로 만들어나가야 한다.

지금은 인생의 마디를 또 하나 만들어야 될 시기다. 지난 마디는 이미 생장의 기운을 상실했다. 오륙십 대의 생장점은 여기까지였다. 그렇다고 끝은 아니다. 인생이라는 줄기에 상처를 내고, 그 상처가 굳어 새로운 마디가 되면 거기에서 다시금 생육의 원기가 싹틀 것이다.

새로운 사람을 만나고, 새로운 곳을 여행하고, 특기를 개발하는 모든 활동이 내 몸에 상처를 낸다. 실망할 수도 있고, 좌절할 수도 있다. 귀찮아질 일이 많다. 며칠 이러다가 멈춰 버릴지도 모른다.

마디는 그렇게 정체되었을 때 단단히 굳어진다. 도전이라는 거창한 표어가 아니다. 스스로 생각하고, 스스로 선택하려는 생각의 변화를 새로운 생장점으로서 내 삶에 이식시키는 것이다.

인생의 마디는 계기에서 만들어진다. 은퇴, 노화, 낯선 환경과 고독……. 부정적인 말들이 더 크게 들린다. 이 부정적인 말들에서 마디를 만들어낼 수 있다면 바람에 꺾이지 않는 대나무처럼 우리의 후반생은 생장을 멈추지 않고, 생장하는 만큼 풍요로워질 수 있다. 속을 비워 가벼워도 위로 뻗치는 식물의 본분을 잃지 않고 끝없이 자라나는 대나무처럼 물질이라는 무거운 짐을 내려놓고 인간으로서의 본분, 인생의 본분을 찾아 나를 키워나갈 수 있다는 뜻이다.

대나무는 마디라는 절(節)을 만들어 자연의 시련에 미리 대비한다. 폭설이 내려도 폭설이 내려앉을 곳이 없고, 쌓인들 마디라는 굳은살이 버텨낸다. 그에 비해 사시사철 푸른 솔잎을 포기하지 못하는 소나무는 폭설의 무게에 자신의 무게가 더해져 허리가 두 동강 난 채 전선에 걸려 전기를 끊고 마을 사람들을 괴롭힌다. 자연이 우리에게 가르쳐 주는 인생의 참모습이다.

죽음은 내 것이 아니다

"죽은 후에 누가 나를 알아주든, 욕을 하든 나랑은 상관없는 일이다."

지금까지 죽음에 대해서는 생각해 본 적이 없다. 사는 게 바쁘고 정신없는 와중에 죽는 일까지 생각하고 있을 겨를이 없어서가 아니다. 솔직히 말하면 나는 죽을 것 같지가 않다. 그래서 죽음을 진지하게 떠올려 본 적도, 고민한 적도 없다. 어차피 내가 죽는 꼴을 나는 볼 수 없기 때문이다. 죽음을 경험하는 것은 나 자신이겠으나, 육체적으로 '꼴까닥'하는 찰나의 순간을 내가 인지하게 될리 없다. 나로서는 내 몸이 죽어 버리면 끝이다. 나의 죽음에서 파생되는 여러 가지 상황들과 처지는 온전히 가족들 몫이다.

남겨줄 재산이라고 해봐야 얼마 되지도 않는다. 아들이 하나뿐이니 그놈 몫으로 떨어질 테고, 나라에서 세금으로 또 얼마 가져갈 것이다. 죽는 걸 대비하지 않은 자가 장지를 마련했을 리 없다.

경북 영양의 깊은 산골짜기에 외따로 버려진 내 명의의 땅에 그냥 버려뒀으면 하는 바람이 있기는 하다. 대충 흙으로 덮어 밭에 묵혀 두고 그 위에 집을 짓고 살아도 좋다. 아니면 농사 좋아하는 아내가 고추랑 배추를 심어 먹어도 좋다. 이깟 몸뚱이는 살아 있을 때 써먹을 만큼 써먹었으니 내가 죽은 뒤에 묘지를 만들어달라고 가족들에게 부탁할 마음은 추호도 없다. 요즘은 메모리얼 가든이라는 그럴싸한 외래어도 들린다. 실상은 화장터 한쪽 구석에 뼛가루가 담긴 조그마한 간장독을 모아둔 납골당인데 말이다.

환경보호 때문에 강이나 산에 뼛가루도 못 뿌리게 하는 세상이 되었다. 그만큼 인간은 죽어서도 세상에 도움이 안 된다는 뜻이다. 그런 주제에 죽는 것이 무슨 자랑이나 되는 것처럼 떠벌릴 생각은 없다. 같은 이유로 가족들에게 폐가 되고, 환자 본인에겐 고통이 더해지고 금전적으로도 큰 부담이 된다는 이유로 존엄사를 논의하자는 사회 풍조도 마음에 들지 않는다.

존엄사가 다 뭔가? 몸이 아프면 뒷방에서 골골대다가 죽으면 되는 것이다. 우리 어머니, 아버지가 그렇게 돌아가셨고, 선대 조상님들도 다 그렇게 돌아가셨다. 종합병원에서 하루에 몇 십만 원씩 들여가며 인공호흡기니, 심장박동기를 주렁주렁 매달아놓고 팔자 좋게 죽은 적이 없다. 우리 세대에 처음으로 이런 호사를 누리며 죽게 된 것이다. 그 때문인지 죽음이 지나치게 과대평가 받고 있다. 고독이나 존엄처럼 철학적인 단어를 그깟 '죽음'에 갖다 붙이는 세상이 되었다는 것이 너무나 괴롭다.

돈 좀 있는 양반들은 자기가 죽은 다음에 자식들이 재산 분쟁을 일으킬까 두려워 미리 유언장에 재산 분할에 관한 내용을 적어놓고 변호사 공증까지 받는다고 하는데, 한마디로 기가 찬 얘기다. 그 돈을 벌기까지 젊어서 뼈 빠지게 일한 기억이 망령 난 머릿속에서 지워진 것일까. 나 같으면 그 돈 다 없어질 때까지 세계 일주를 다니든, 삼시 세 끼 소고기만 구워 먹든, 하여간에 무슨 짓을 해서라도 다 써서 없애버릴 궁리만 했을 것이다.

　이 자리를 빌려 고백하건대 내가 이 나이 먹도록 열심히 일하는 진짜 이유는 홋카이도의 온천 지역에 조그마한 아파트를 하나 구하기 위해서다. 지긋지긋한 마누라, 새끼를 피해 홋카이도로 날아가 한류 열풍에 힘입어 이혼해서 혼자 사는 50대 중반의 야리야리한 일본 여자를 꼬셔다가 밥도 해 달라고 하고, 귀도 파 달라고 하면서 죽음이 오거나 말거나 인생 끝머리에 마지막 불꽃을 태워보고 싶은 욕망이 있다. 여자한테 무릎이나 꿇으라고 강요하는 일본 남자에 비해 나는 늙어서도 다정다감하게 여자가 하는 말을 들어줄 수 있는 천생 한국 남자다. 나를 부담 없이 '파파'라고 부르라고 하면 그녀는 '하이, 하이'하면서 잘도 내 뒤를 따라올 것이다. 한국에서 꼭지가 돌아간 아내가 눈깔이 시뻘게져 찾아와도 그녀는 한국말을 모르고, 아내는 일본말을 모르니 내가 중간에서 통역을 하지 않는 이상 싸움이 되지 않는다. 이것이 내 최후의 소원이자, 내가 준비 중인 필생의 역작이다.

소설가로 유명한 오랜 지인과 술을 한 잔 마실 기회가 있었다. 어쩌다가 죽는 얘기가 나왔는데, 대뜸 한다는 말이 자기가 죽으면 아무도 부르지 않겠다고 말했다. 김 형한테도 알리지 않을 테니 그런 줄 알라고 꼬부라진 혀로 더듬거렸다. 나라에서 주는 훈장도 안 받고, 기념관도 못 짓게 할 거라면서 먼저 세상을 떠난 유명 문학가들을 싸잡아 욕하는 것이었다. 장례식을 거창하게 치른 선배들을 보고 있으면 생전에 고인이 보여줬던 인품마저 의심하게 된다는 것이었다. 어차피 죽어서 보지도 못할 텐데 왜 그리 많은 사람들을 부르고, 떠들썩하게 자기 죽음을 세상에 알리느냐는 핀잔이었다.

나도 옳은 소리라고 동의했다. 그런데 집에 오는 길에 생각해 보니 그 친구야말로 죽음에 얽매여 있구나, 라는 착잡한 심정이 되었다. 말마따나 어차피 나는 죽고 없는데, 내 장례식에 사람이 많이 오거나 말거나 무슨 상관인가. 오겠다는 사람이 있으면 받아주고, 안 오겠다고 하면 그만이다. 장례식 주인공은 나일지 몰라도 상주는 남겨진 가족이다. 그들이 알아서 할 일이다. 죽은 후의 평가를 두려워하는 그 마음이야말로 죽기 싫다고 떼를 쓰는 꼴이다.

죽고 난 뒤에는 세상이 나를 뭐라 하든 들리지 않는다. 나한테 무슨 욕을 해도 들리지 않는다. 그런데 자기 혼자 들떠서 마치 자신은 죽어서도 사람들이 하는 말을 들을 수 있는 것처럼 '호랑이는 죽어서 가죽을 남기고 사람은 죽어서 이름을 남긴다'고 말한다. 나는 우리 집안의 칠 대손 할아버지 이름도 모른다. 그 양반이 어떻게 살았는지도 모른다. 그 양반 친구들이 살아생전에 뭔 일을 하셨는지도 모른다.

죽어서 욕 먹을까봐 마음에 드는 일본 여자한테 말 붙이지 못하고, 죽어서 욕 먹을까봐 술도 마음대로 못 먹고, 죽어서 욕 먹을까봐 얄미운 놈한테 욕도 못한다는 것은 이미 그 자체로 죽어 있다는 뜻이다. 살아서 죽음을 맞이했으니 어떤 의미에서는 대단하다고 할 수 있다.

죽은 후에 누가 나를 알아주든, 욕을 하든 나랑은 상관없는 일이다. 살아서 하고 싶은 일, 하고 싶은 말, 먹고 싶은 것 다 먹고 살아야 한다. 그래도 성에 안 차는 것이 인생이거늘 나 죽었을 때 장례식에 사람들이 적게 찾아오면 어쩌나, 지레 걱정이다. 휑한 장례식장이 눈에 아른아른하면서 꼭 내가 인생 잘못 살아왔다는 선고를 받는 심정이 된다. 그래서 괜한 인심, 선심을 베푼다. 이런 게 바로 노망이다.

방금 저녁 밥상을 물렸는데 왜 저녁밥을 안 주냐며 시비 거는 것은 배곯며 살아온 지난날에 대한 분노에서 비롯된 일종의 자기 치유일 뿐이다. 벽에 똥칠하는 건 마음에 응어리진 설움과 진짜로 하고 싶었던 욕망이 배설되지 않고 자기 안에 갇혀진 것에 대한 회개의 심정에서 나온 행동일 뿐이다. 우리가 정말로 걱정해야 될, 그리고 조심해야 될 노망은 건방지게도 죽은 후를 염려하는 꼴같잖은 교만이다. 그런 교만이 우리를 인간 이하의 존재로 만들어버린다.

나의 죽음이 나의 것인 양, 죽은 후의 가족을, 세상을 어떻게 해
보겠다는 미천한 발상에서 존엄사가, 고독사가, 유언장이 생겨난
것이다.

죽음이란 무엇인가. 참으로 철학적인 질문이다. 인간이 이 땅에
서 지속되는 한 끊이지 않고 울려 퍼질 질문이다. 이유는 간단하
다. 답이 없기 때문이다. 그런데 정확히 말하면 답이 없는 게 아니
라 답을 찾아내서는 안 된다. 인간은 죽으라고 태어난 게 아니기
때문이다. 살라고 태어난 존재가 죽음을 이야기한다는 건 자기 존
재에 대한 부정이다. 나는 나를 부정하고 싶지 않다. 별 볼일 없는
늙은 몸일지라도 삶에 대해서만 이야기하고 싶다. 삶에 대해서만
생각하고 싶다. 아직도 못 한 것이 많고, 못 먹어 본 술이 산더미
다. 홋카이도에서 나를 기다리고 있을 이혼녀를 생각해서라도 당
분간은 죽는다는 생각을 못 할 것 같다.

최후의 전력 질주를 위하여

올림픽 종목에서 가장 힘든 종목은 단연 마라톤이다. 42.195킬로미터라는 차를 타고 달려도 한 시간은 족히 걸릴 것 같은 거리를 두 시간 십여 분만에 사람의 두 다리로 달려서 주파해 낸다. 단순히 완주로 끝나는 것도 아니다. 3등 안에 들어야만 메달을 따고 승자가 된다. 여기에 때로는 타인과의 기록도 짐이 된다. 이번 대회의 일등으로 만족해서도 안 된다. 다른 대회에서 라이벌이 세운 최고 기록보다 0.1초라도 먼저 골인해야 한다는 압박감이 무거워지는 종아리를 붙잡아 땅 밑으로 끌어당긴다.

마라톤 선수들을 보면서 놀라는 것은 지칠 대로 지쳐버린 마지막 5킬로미터 지점에서 100미터 스프린터처럼 전력 질주하는 모습을 보게 되었을 때다. 40킬로미터나 되는 거리를 두 시간 가까이 쉬지도 않고 뛰어왔다. 그런데도 마지막 5킬로미터를 남기고 죽을힘을 다해 질주한다.

폭주(暴走)다.

인생을 흔히 마라톤에 비유한다. 백 년을 바라보는 우리의 기나긴 인생은 42.195킬로미터라는 육상 최장거리에 비할 만하다. 최후의 5킬로미터는 인생의 막바지, 즉 노년기다. 우리 또한 이 마지막 구간에서 전력 질주하지 않을 수 없다. '폭주 노년'인 것이다.

40킬로미터를 무사히 달려왔다고 해서 남은 거리를 천천히 걸어가도 되는 것은 아니다. 잠시 벤치에 앉아서 쉴 수 있는 것도 아니다. 최후의 골인 지점을 통과하기 전까지 휴식이란 없다. 자의든, 타의든 달려야만 한다.

무엇보다도 최후의 5킬로미터에서 승패가 결정된다. 지금까지 달려온 40킬로미터의 거리를 헛되게 날려버리지 않기 위해서라도 막판 스퍼트는 숙명이다. 지난 세월의 인생이 끝날에 가서 개나발로 땅바닥에 버려지는 꼴을 살아서 볼 생각이 없다면 폭주 노년은 운명이다. 내 인생에서 걸음이 멈춰지는 순간은 죽을 때뿐이라는 각오로 젊어서보다 더 미친 듯이 달려야 한다.

중간까지 1등으로 달렸다고 최후의 1등이 되는 것은 아니다. 중간까지 꼴등으로 달렸어도 마지막 피니쉬 라인에서 얼마든지 역전승도 가능하다. 그것이 인생이라는 스포츠의 묘미다.

이 시합에서 상대는 '나'다. 내 인생의 라이벌, 적, 관중은 오직 나 자신뿐이다. 세상은 그저 우리가 달려야 될 코스일 뿐, 세상과 함께 경주하는 것은 아니므로 눈알이 핑핑 돌아갈 지경으로 바뀌어가는 세상이 이해되지 않는다고 스스로를 노털 취급해서도 안 되고, 그걸 또 따라가겠다고 뱁새처럼 가랑이가 찢어져서도 안 될 일이다. 페이스를 빼앗기지 않는 것이 가장 중요하다. 내 호흡, 내 보폭에 맞춰 나의 상태가 견딜 수 있는 범위 내에서 한 발 한 발 쉬지 않고 전진해 나가는 꾸준함이 필수다.

그러다 보면 우리 모두는 인생이라는 마라톤에서 승리의 월계관을 쓰게 될 것이다. 올림픽 금메달리스트는 IOC에서 메달을 수여하겠지만, 우리네 인생의 금메달은 내 손으로 직접 내 머리에 씌워주게 될 것이다. 인생을 살면 살수록 남이 주는 상보다 내가 스스로에게 만족해서 주는 상이 받기도 어려울 뿐더러 보다 큰 가치가 있음을 깨닫게 된다.

우리 모두가 각자의 삶에서 금메달리스트가 되기를 꿈꾸며 오늘 하루도 마음껏 날뛰어야겠다.